商务数据分析系列丛书

直播电商数据分析与应用

主　　编：张雪存　朱名勋　方文英
副 主 编：李　璐　胡　辉　沈春立
联合开发：慕研（杭州）数据分析师事务所
数字产业学院（杭州）

電子工業出版社
Publishing House of Electronics Industry
北京·BEIJING

内 容 简 介

《直播电商数据分析与应用》以国内直播电商为主线，从数据的角度结合自媒体账号的运营场景，从账号定位、选品到短视频引流、直播策划和直播复盘，讲述各场景下如何对数据进行分析，如何利用数据分析的结果指导自媒体账号的运营。本书围绕工作实务和真实数据，以“项目 - 任务”形式展开编写，帮助学习者掌握直播电商的分析思路和数据分析实践技巧。

本书适合作为电子商务、数据分析及相关专业的教材，也可供从业人员自学使用。

图书在版编目（CIP）数据

直播电商数据分析与应用 / 张雪存，朱名勋，方文英主编 . —北京：电子工业出版社，2023.1（2026. 1 重印）
ISBN 978-7-121-44791-4

Ⅰ. ①直… Ⅱ. ①张… ②朱… ③方… Ⅲ. ①网络营销－数据分析－高等学校－教材 Ⅳ. ① F713.365.2

中国版本图书馆 CIP 数据核字（2022）第 249154 号

责任编辑：朱干支　　特约编辑：尹杰康
印　　刷：北京天宇星印刷厂
装　　订：北京天宇星印刷厂
出版发行：电子工业出版社
　　　　　北京市海淀区万寿路 173 信箱　邮编　100036
开　　本：787×1 092　1/16　印张：7　字数：179.2 千字
版　　次：2023 年 1 月第 1 版
印　　次：2026 年 1 月第 5 次印刷
定　　价：33.00 元

凡所购买电子工业出版社图书有缺损问题，请向购买书店调换。若书店售缺，请与本社发行部联系，联系及邮购电话：（010）88254888，88258888。

质量投诉请发邮件至 zlts@phei.com.cn，盗版侵权举报请发邮件至 dbqq@phei.com.cn。

本书咨询联系方式：（010）88254573，zyy@phei.com.cn。

前　言

电子商务大大提高了消费者购物的便利性，而直播电商在具备便利性的同时提高了商家与消费者的互动性，让电子商务的体验更接近于线下购物。

近年来，直播电商逐渐走进了消费者的生活，成为主流的电商购物模式之一，其渗透率已经处于较高水平。随着大量从业者的涌入，直播电商的竞争程度趋于激烈，越来越多的从业者寻求通过数据化的方式提升市场竞争力。在直播的过程中会产生大量的数据指标，从业者关心如何运用这些指标完成分析任务进而提升直播的效果。

本教材编写团队在调研过程中发现直播的业态中已经出现了直播数据分析岗位，主要工作是收集直播相关的数据，对数据进行清洗和分析。本教材结合直播电商的数据分析工作实务，以“项目－任务”的方式展开内容。

本教材共5个项目。

项目1以自媒体账号定位为项目背景，介绍自媒体账号定位的分析内容；项目2以选品为项目背景，介绍选品的分析方法；项目3以短视频为项目背景，介绍短视频效果的分析与优化内容；项目4以直播要素为项目背景，介绍直播要素分析的相关内容；项目5以直播复盘为项目背景，主要介绍直播复盘的分析和优化方法。

本书配备了教师教学所需的相关数字资源，以方便课堂教学；同时提供了真实、丰富的数据资料，方便学生开展数据分析练习。

本书由张雪存、朱名勋、方文英担任主编，由李璐、胡辉、沈春立担任副主编。由于作者的学识水平和实践经验有限，书中内容难免存在不当之处，恳请广大读者批评指正。

编　者

2022年12月

目　录

项目 1

自媒体账号定位与分析

随着自媒体的高速发展，越来越多的人进入自媒体行业，其中最热门的当属电商直播行业，从淘宝店长、明星、网红直至地方政府人员，纷纷进入带货直播行业。在此过程中，绝大多数直播自媒体创作者不知道如何运营自己的自媒体账号。运营自媒体账号最重要的是对自媒体账号进行准确定位。直播自媒体账号的定位决定了直播的方向，直播的方向决定了直播面向用户的人群画像和用户的消费等级，也决定着未来市场的大小。

学习目标

✓ 掌握自媒体账号定位的方法

✓ 掌握分析自媒体账号作品的方法和维度

✓ 掌握分析粉丝画像的要素

项目导图

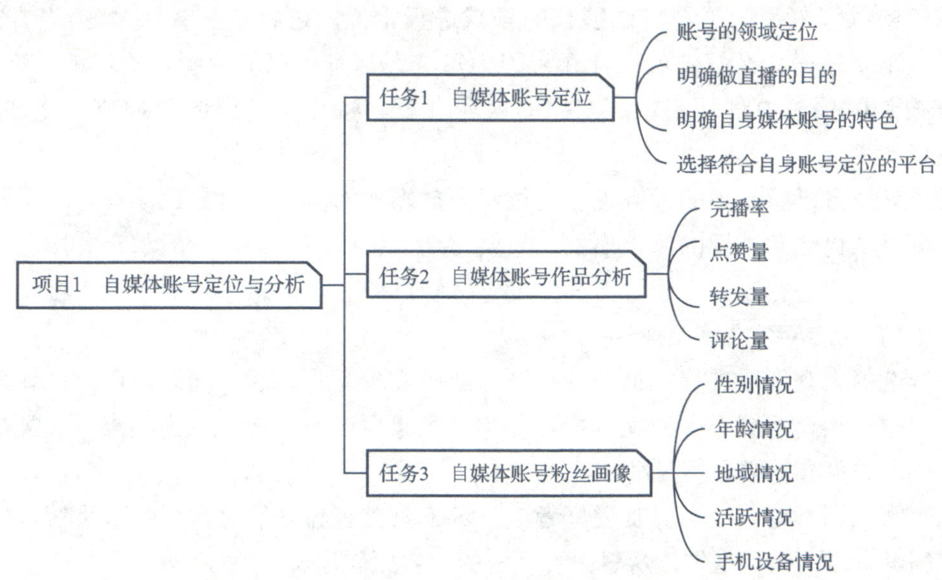

任务1　自媒体账号定位

小智是一名美食爱好者，他对于美食具有较为独到的研究，也喜欢将自己制作的美食与他人分享。现在他想转型成为一名自媒体创作者，利用带货直播、短视频的方式将自己做美食的日常与他人分享，于是小智去请教多年从事自媒体账号运营的小王。

◎ 任务解读

作为自媒体运营人员，媒体账号的定位在整个运营过程中非常重要，可以说账号成败的一半都在前期的定位上。自媒体账号定位必须在一开始做好，在正式注册账号之前，应当依据自身的优势和不足对自媒体账号做出清晰的定位和规划，以便后续工作高效开展。

◎ 分析思路

自媒体账号定位分析主要从四个方面进行：

（1）确定账号的领域定位，有了正确的方向，自媒体创作者才能顺利地开展后续工作。

（2）明确直播的目的，不同的直播目的对应不同的方法。

（3）审视自身的优势和特色，只有差异化才能在竞争中存活下来。

（4）选择符合自身账号定位的平台，作为自媒体创作者，除了输出高质量的内容外，还需要输出与平台定位相符的内容，故选择一个符合自身账号定位的平台至关重要。

知识加油站

大众领域：是指该领域内容较热门，用户对该领域话题关注较多，相关视频内容易被传播。

◎ 分析过程

1. 账号的领域定位

（1）寻找自己擅长的领域进行定位。在做自媒体账号之前，自媒体创作者可以从自己擅长的领域入手，寻找自己擅长的领域进行定位。进行自媒体账号定位时不要盲目跟风，不要觉得什么好做就做什么。因为每个人都有自己的短板，不可能什么都会，在自己擅长的领域内进行定位，产出的内容会更具特点，吸引的粉丝也会更加精准，黏度也会更高。

（2）寻找自己感兴趣的领域进行定位。当自媒体创作者觉得自己没有特别擅长的领域时，可以从自己感兴趣的领域出发。只要对某个领域感兴趣，一般都会关注该领域的信息，并有意识进行收集。相对于其他没有接触过的领域，感兴趣的领域也会使自媒体创作者更加得心应手，更容易坚持。

（3）选择大众领域进行定位。当自媒体创作者没有明确的方向时，可以选择大众领域进行定位，大众领域方向的视频内容更容易引起用户的兴趣，成为热点。该类账号较其他定位方式更容易成为热门账号。

以小智为例，他是一名美食爱好者，且对于美食有独到的见解，那么小智可以从自己擅长的美食方向进行定位，从事美食领域的短视频创作。

2. 明确做直播的目的

当自媒体创作者对媒体账号的领域定位有了明确的方向以后，下一步就需要明确直播的目的，是接广告、带货、线下引流、直播变现还是打造网红呢？不同的目的所对应的运营方法不同。确定好自媒体账号的目的才可以有的放矢。

通过2020年某数据平台公布的抖音美食类行业报告中的美食类市场发展现状及美食类电商销售额趋势可以看出，美食类账号已成为热门入场赛道，带货直播的营销方式稳定增长，美食新号视频推广可以快速爆单。所以小智可以选择带货直播或视频推广作为自己的主要传播方式。

（1）美食成为热门入场赛道，自播号直播涨粉效率高（见图1-1）。

由于受众人群广，美食类通常是新入场主播的首选赛道之一。从粉丝体量分布来看，五成美食号集中在中腰部，依旧有很大的涨粉潜力，尤其是品牌自播号平均月涨粉数超过1万，其中近8成粉丝来自直播涨粉，可见美食品牌开设自播对于用户的拉新、转化、沉淀有较大的帮助。

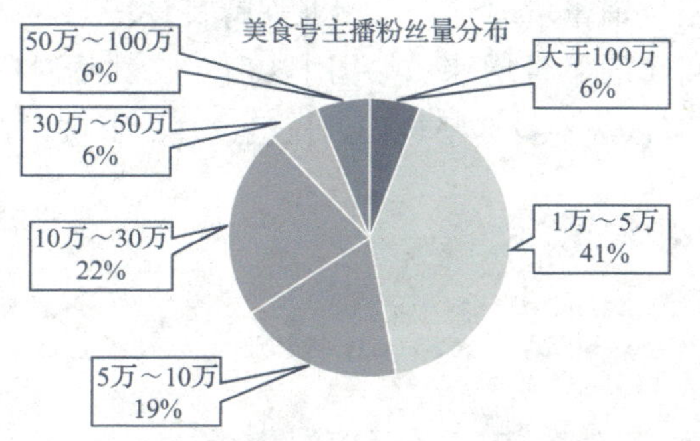

7800+（46%来自直播涨粉）
美食号月均涨粉量

10000+（80%来自直播涨粉）
美食自播号月均涨粉量

数据说明：选取近30天美食号主播的涨粉数据，中腰部主播指粉丝体量为5万～50万人的主播，飞瓜数据。

图1-1

（2）带货直播稳定增长，美食新号视频推广依旧可以快速爆单（见图1-2）。

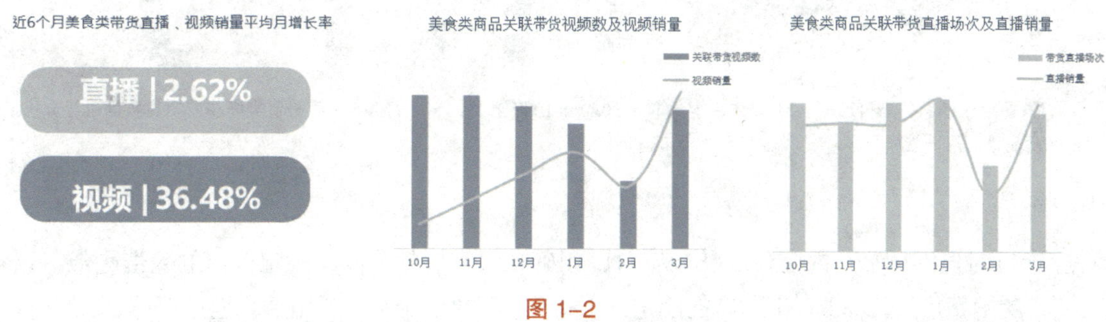

图1-2

2020年，直播电商展露出强劲带货能力，美食类带货直播、视频销量基本保持每月2.62%的稳定增长。同时，美食类具有决策成本低、消费群体广的特点，比起其他品类更容易实现销售，新号只用1条视频带货百万的现象屡见不鲜，可见美食类短视频推广依旧有较大的潜力和增长空间。

为了给商家和用户提供良好的购物环境，从2021年下半年开始抖音多次封禁违规账号，肃清平台环境，虽然导致美食类推广主播数略有下降，但主播平均带货销量却持续增长，整体带货实力上升。

3. 明确自身媒体账号的特色

每一个自媒体账号都需要有自己的特色。一个没有自身特点的自媒体账号是不会让观众记忆深刻的。增强自媒体账号的特色能使观看者增强记忆点，提高用户黏性。创作者可以根据自己选择的自媒体账号领域设定不同的内容特点。

如果小智对于美食具有独到的见解，那么他就可以通过分享自己在制作美食过程中的小技巧来获取用户的关注。

4. 选择符合自身账号定位的平台

作为自媒体创作者，需要做的不仅是高质量的视频内容，还需要输出与平台定位相符的内容，所以平台的选择也是至关重要的。从业者应从自己定位的领域出发选择符合的自媒体平台。

不同的自媒体平台有不同的平台定位。通过 2021 年权威数据平台最新公布的抖音美食类行业报告可以看出，近半年美食类账号销量增速领先，行业保持良性增长。美食类商品销量增速达到 5.16%，超过全品类商品的销量增速，如图 1-3 所示（数据时间为 2020 年 10 月至 2021 年 3 月）。所以，小智可以选择抖音平台作为自己进驻的首选平台。

美食类商品销量增速领先，行业保持良性增长

"民以食为天"，相比其他行业，美食类商品天然具有受众基础，随着抖音电商生态不断完善，用户的线上消费习惯也逐步形成。

作为最早入驻抖音电商的品类之一，庞大的流量和稳定的受众人群也让美食电商一直保持良性增长，统计时间内美食类商品的月均增长率达到5.16%，超过全品类商品的销量增速，并长期占据抖音热销品类top3。

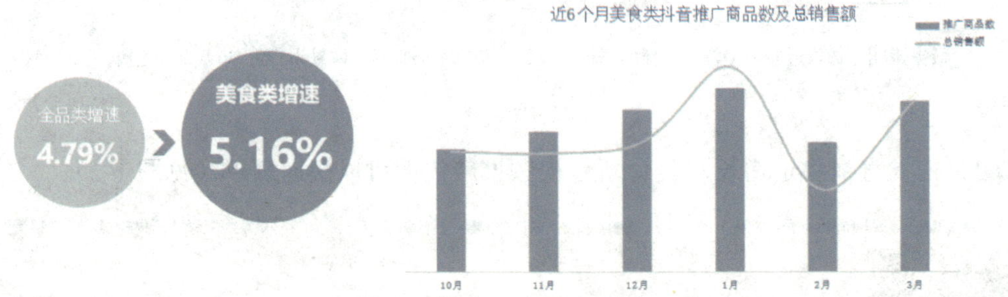

注：报告中的数据来自飞瓜数据，报告内容选取了 2020 年 10 月至 2021 年 3 月共 6 个月美食类商品的销售数据进行分析，统计了商品销量月平均增长率。

图 1-3

通过对自媒体账号的定位，从业者可以明确未来发展的方向，确定自己的人群画像，预估用户的消费层级，基于以上内容的确定，才能在接下来的带货直播中顺利地进行策划、运营。

◎ 任务实训

实训 1.1

类目：服饰。

背景：小王是一名线下服装实体店店主。他发现线下生意冷清，想转为线上卖货，以提高店铺的收入，但他不知道应如何对自媒体账号做出相应的定位。

目标：根据小王的需求，帮助他进行详细的自媒体账号定位。

数据：练习数据 1.1。

要求：制作一份自媒体账号定位计划书，形成 Word 文件，详细阐述分析思路，并写出相应的依据。

任务 2 自媒体账号作品分析

小智在给自己的账号定位之后，就制作发布了一些短视频作品，以此来积累粉丝。但是最近他发现自己账号中的短视频作品传播效果不佳，为此他进行了自媒体账号作品分析。

◎ 任务解读

互联网时代大众参与最多的就是自媒体内容创作，随着技术水平的进步，自媒体内容从文字逐渐发展到图片、音乐、视频等多媒体内容，内容创作所产出的作品影响力不断扩大，也越来越符合大众的赏鉴口味，这也使得借助这些手段进行的商业宣传更加成功。自媒体账号作品的表现形式主要有 5 种。

（1）图文形式。

图文形式是自媒体创作中使用最广泛的一种，也是表现形式最多的一种。简单地说，图文形式就是写文章，并且需要在文中配图、视频、音乐或表情包，以展现作者想要表达的情绪和观点，让文章更加生动。这种创作方式并非人人喜欢，因为从构思到撰写、查阅资料、配图、修改、排版等流程，整体环节比较复杂，也比较费时，所以受众群体有限。

（2）视频创作。

视频创作占据了自媒体创作的大部分份额，它同样具有图文形式的特点，有一些复杂的流程，例如剪辑、字幕、音效、特效和转码等，制作时间较长，有时甚至比制作图文花费时间更多。因为视频制作流程需要更多的专业技巧和能力，所以视频创作对人员的要求较高。

（3）短视频创作。

短视频创作和视频创作不同，短视频创作是当下很热门的一种视频表现方式，它的时效性高。短视频作品一般是 30 秒以内的小视频，传播性高，创作起来相对方便。这种视频的创作可以通过智能手机完成，创作门槛相对较低。一般只要创作者有创意、有思路，就能拍出不错的短视频作品。

（4）问答形式。

问答形式是一种较为简单的创作方式。创作者需要对问题进行深度的分析和解答。创作者可以用图文或视频的方式回复，总体来说制作比较简单。目前，很多自媒体平台比较重视问答体系的建立，目的是为知识付费做准备。

（5）直播形式。

这是直播平台较为重要的创作方式，能够即时反映出创作者的状态，是目前比较热门的创作方式。但这种创作方式对创作者自身要求较高，尤其是形象和表达能力。

下面以自媒体账号中的短视频作品为例进行讲解。

◎ 分析思路

自媒体账号作品分析主要从短视频作品的完播率、点赞量、转发量、评论量四个维度进行。当这四个维度指标表现良好时，该短视频一般能够成为热门视频。所以，在创作短视频时，要考虑将这四个指标环环相扣。在短视频领域，有“黄金 3 秒”的说法。这是指如果在短视频播放的前 3 秒内视频内容没有吸引住用户，那么这个视频的完播率会表现不佳。所以，在选择视频素材时，首先考虑的是如何在短视频播放的前 3 秒吸引住用户，其次才是脚本的设计，如何吸引用户看完整个视频，进而引导用户进行点赞、评论及转发。

知识加油站

完播率：视频的播放完成率，即完整观看视频的人数与观看视频总人数的比值。

点赞量：表示用户对某个内容的赞同、喜欢和支持的数量。点赞量代表某自媒体账号视频的“人气”或“关注度”，点赞量越高意味着该自媒体账号作品越好。

转发量：表示用户看到某自媒体账号作品并进行分享的次数，转发量越高说明影响力越大。

评论量：表示用户看到某自媒体账号作品后进行评论的数量。

短视频黄金 3 秒：短视频的前 3 秒内容十分重要，如果在前 3 秒内，视频内容没有吸引住用户，那么该视频的完播率表现肯定不好。

◎ 分析过程

使用抖音平台的创作者可以在抖音创作服务平台中的“视频数据”→“作品数据”中查看作品的相关指标数据。图 1-4 为小智账号中作品的数据。

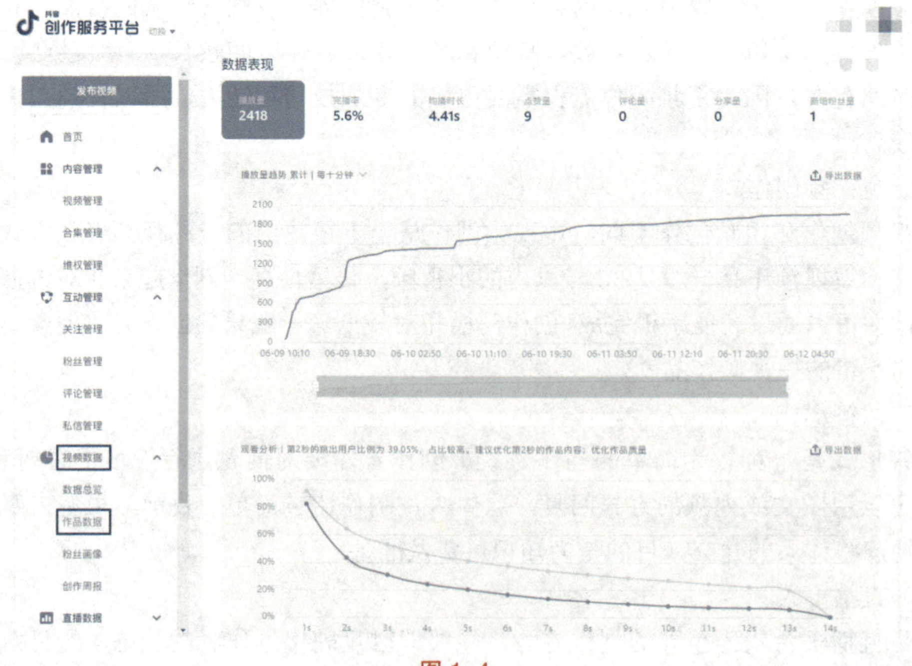

图 1-4

通过从抖音创作平台获取的数据可以看到该短视频作品的完播率为5.6%，大部分用户没有看完视频，说明该短视频在情节设置上没有突出的亮点以及环环相扣的细节，大部分用户没有看完就跳出了，且超过30%的用户在视频的第2秒就跳出了。该短视频作品的点赞量为9次，评论量和分享量均为0。建议小智在短视频内容的创作上要增加故事亮点，增加与用户的互动，要能引起用户的共鸣。

◎ 任务实训

实训1.2

类目：零食。

背景：小王是一名美食博主，平时以美食探店为主。最近他发现自己的短视频作品反响不好，想分析一下是哪方面出现了问题。

数据：练习数据1.2。

要求：用Word制作一份分析材料，详细写明分析思路，并给出相应依据。

任务3 自媒体账号粉丝画像

小智在积累了一定数量的粉丝之后，就准备通过粉丝进行变现，要变现的前提是得了解目前粉丝的人群画像，再根据人群画像分析粉丝的人群特性，制订有针对性的变现计划。

◎ 任务解读

自媒体账号粉丝画像分析是直播运营中的重要环节，它决定着后续选品、投流时的方向。自媒体创作者根据粉丝画像，可以更精准地定位到消费人群。正确的商品碰到了正确的消费者才能产生交易行为。为了提炼目标用户群的主流需求，实现精准营销，自媒体创作者需要将媒体账号进行粉丝画像分析。此处以短视频为例，想要打造爆款短视频，就必须有针对性地进行短视频制作，这样才能更有效地吸引目标人群，提升短视频的传播效果。

◎ 分析思路

分析自媒体账号粉丝画像主要从四个方面入手：基础特征、消费偏好、人生经历、地域分布。基础特征指粉丝的性别和年龄；消费偏好指粉丝的消费层级、兴趣爱好、购物时间（活跃时间）偏好；人生经历指粉丝的职业和学历；地域分布主要指粉丝所在的省份和城市。

知识加油站

粉丝画像：根据社会属性、生活习惯和其他行为等信息抽象出的一个标签化的粉丝模型。

下沉用户：在消费层级中，位于三四线城市的消费人群，这类人群是潜在的互联网消费者，相比一线城市的消费人群更具挖掘潜力。

◎ 分析过程

通过性别分析可以使自媒体创作者知晓自己创作的内容受男性欢迎还是受女性欢迎。男女比例的分布是人群的基础特征之一，它决定了直播的风格和方向。例如，男生偏向方便面、肉类等口味零食，而女生则偏向甜食，如巧克力、蛋糕等。

年龄段是粉丝群体的另一个基础特征，通过年龄段分析可以对粉丝人群进一步进行细分，打上不同的群体特征标签，例如青少年、青壮年、中年、老年，每一个年龄段的人拥有的特征不同，消费水平也不相同，在日常的直播运营中，必须要有针对性地设计话术、脚本，以适应不同的年龄段人群。

手机设备的使用情况也是粉丝画像的基础特征之一，通过分析粉丝使用的手机设备，可以了解粉丝的消费水平。大数据分析显示，使用高端手机的人群消费能力要比使用低端手机人群的消费能力高。

活跃时间是粉丝画像中的消费偏好特征之一，通过分析粉丝活跃时间可以帮助自媒体创作者了解粉丝观看自媒体作品最频繁的时间段，自媒体创作者可以根据粉丝活跃时间的分布画像来上传或推广作品，从而提高短视频或直播的运营效率。

基于省份的地域分析是粉丝画像分析的重要模块，不同的省份经济发展水平、地域特色不同，通过分析粉丝的省份分布，可以“对症下药”。此外，对于主要的省份，自媒体创作者在发布的视频内容中可以提及相关的地域名称，让粉丝产生认同感，促使其对视频内容产生兴趣。

自媒体账号的粉丝画像可以直接从抖音创作服务平台中的“视频数据”→“粉丝画像”中获取。如图 1-5 所示为小智账号中的粉丝画像。

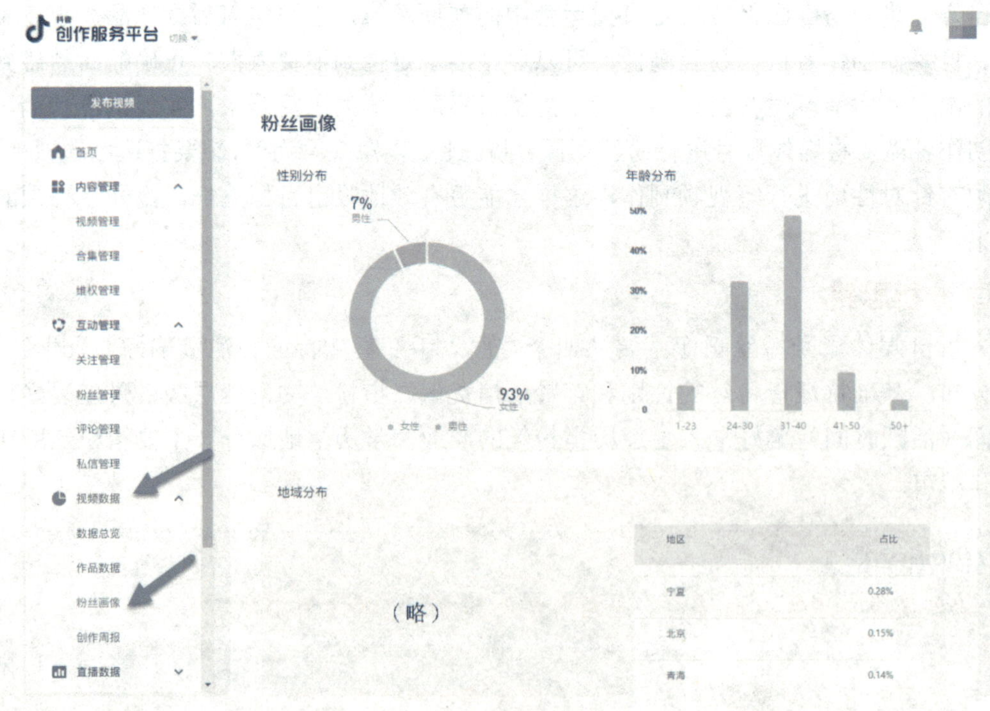

图 1-5

自媒体创作者可以直接打开抖音创作服务平台获取自己的账号粉丝画像。本任务收集的是小智的粉丝画像数据，整理好的数据如图 1-6 所示（对应本书资料包中文件“1-3 粉丝人群画像 .xlsx”）。

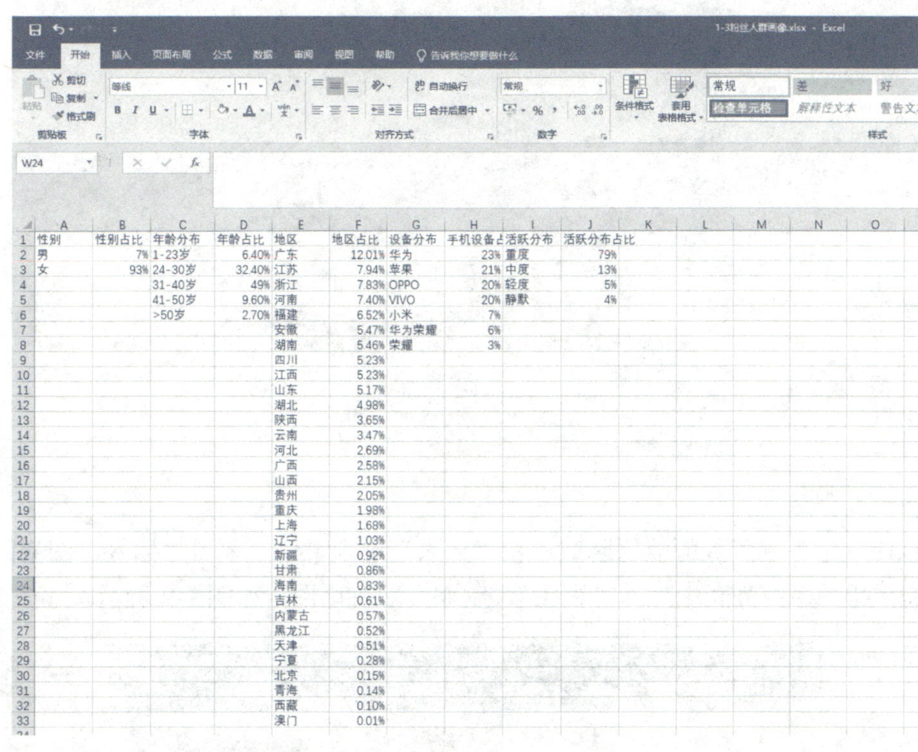

性别	性别占比	年龄分布	年龄占比	地区	地区占比	设备分布	手机设备占	活跃分布	活跃分布占比
男	7%	1-23岁	6.40%	广东	12.01%	华为	23%	重度	79%
女	93%	24-30岁	32.40%	江苏	7.94%	苹果	21%	中度	13%
		31-40岁	49%	浙江	7.83%	OPPO	20%	轻度	5%
		41-50岁	9.60%	河南	7.40%	VIVO	20%	静默	4%
		>50岁	2.70%	福建	6.52%	小米	7%		
				安徽	5.47%	华为荣耀	6%		
				湖南	5.46%	荣耀	3%		
				四川	5.23%				
				江西	5.23%				
				山东	5.17%				
				湖北	4.98%				
				陕西	3.65%				
				云南	3.47%				
				河北	2.69%				
				广西	2.58%				
				山西	2.15%				
				贵州	2.05%				
				重庆	1.98%				
				上海	1.68%				
				辽宁	1.03%				
				新疆	0.92%				
				甘肃	0.86%				
				海南	0.83%				
				吉林	0.61%				
				内蒙古	0.57%				
				黑龙江	0.52%				
				天津	0.51%				
				宁夏	0.28%				
				北京	0.15%				
				青海	0.14%				
				西藏	0.10%				
				澳门	0.01%				

图 1-6

（1）制作粉丝性别情况占比图。

step 1：选中数据区域中的任意单元格，在“插入”选项卡中单击“数据透视表”，在弹出的“创建数据透视表”对话框中单击“确定”按钮，如图 1-7 所示。

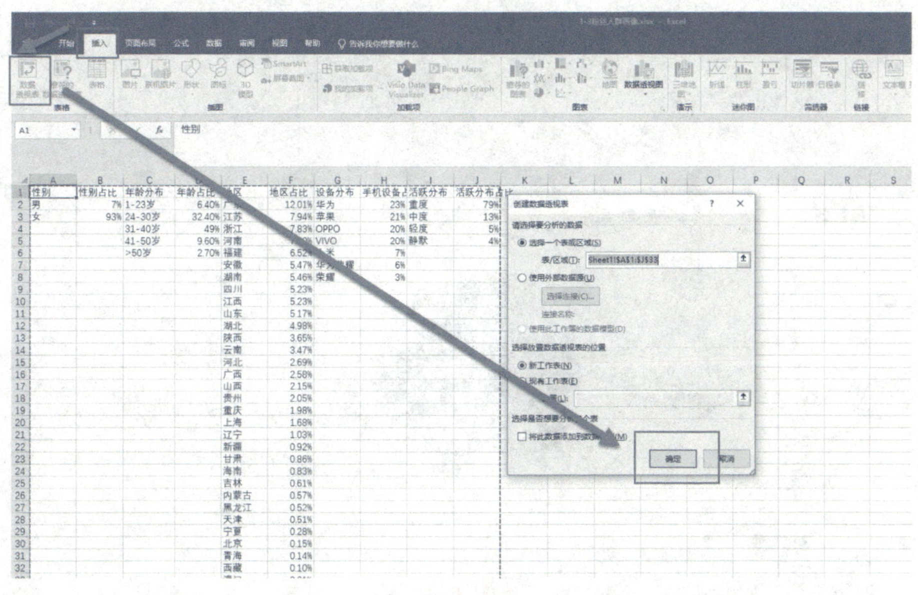

图 1-7

step 2：在“数据透视表字段”窗格中，将“性别”字段拖至“行”区域，将“性别占比”字段拖至“值”区域，如图 1-8 左图所示。完成操作后的结果如图 1-8 右图所示。

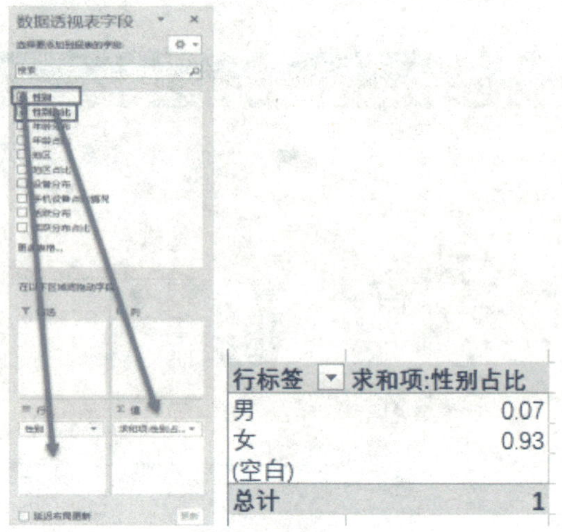

图 1-8

step 3：选中性别相关的数据区域，在“插入”选项卡中，单击“插入饼图或圆环图”按钮，在弹出的下拉列表中选择“饼图”，制作性别占比图，如图 1-9 所示。

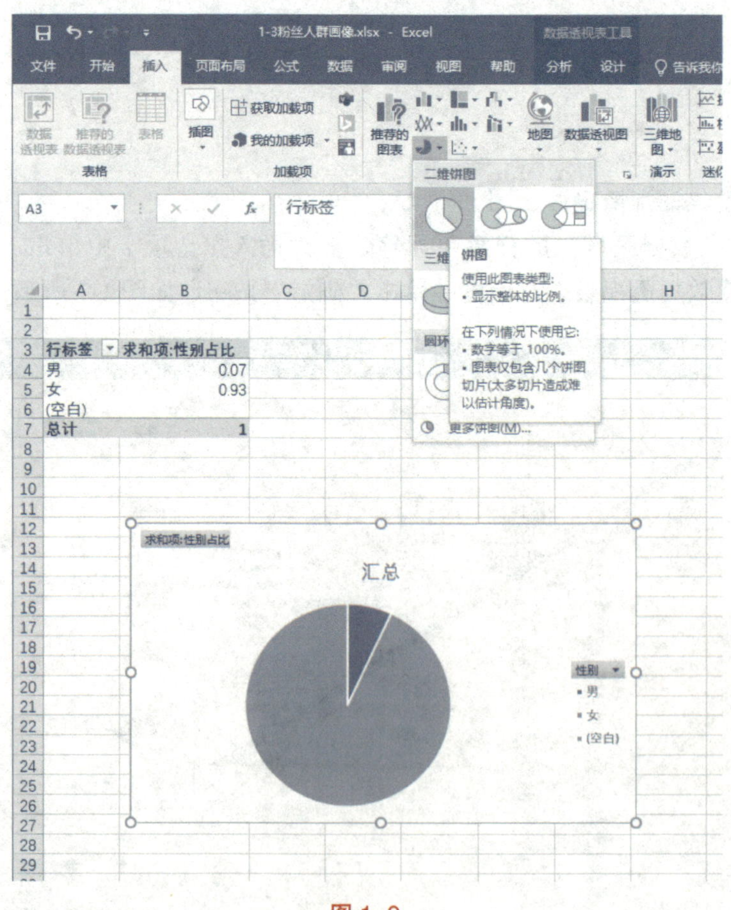

图 1-9

step 4：优化图表，输入标题“粉丝性别占比情况”，删除图例，右击图表，在弹出的快捷菜单中选择“添加数据标签”，如图 1-10 所示。右击数据标签，在弹出的快捷菜单中选择“设置数据标签格式”，勾选“类别名称”“百分比”“显示引导线”，如图 1-11 所示。最后将数据标签放置到合适的位置即可，如图 1-12 所示。

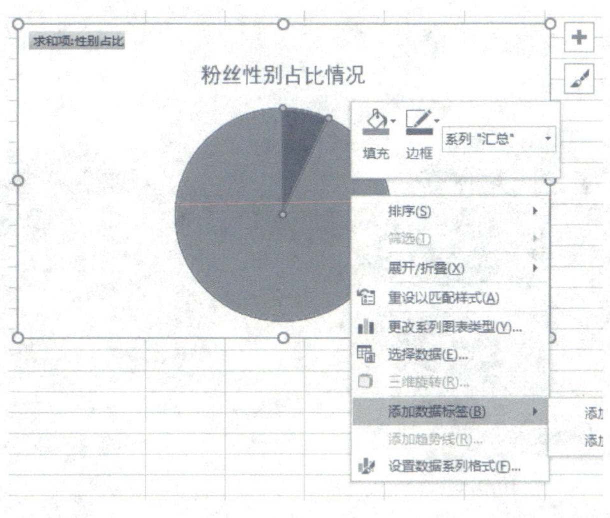

图 1–10

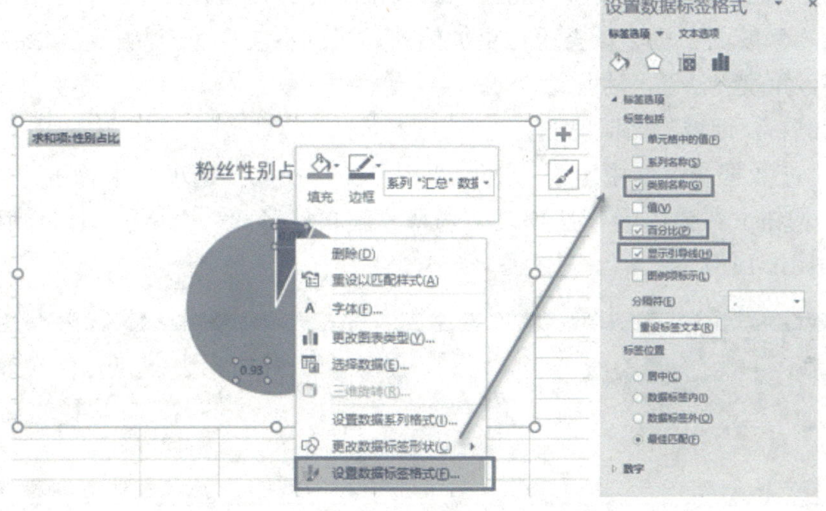

图 1–11

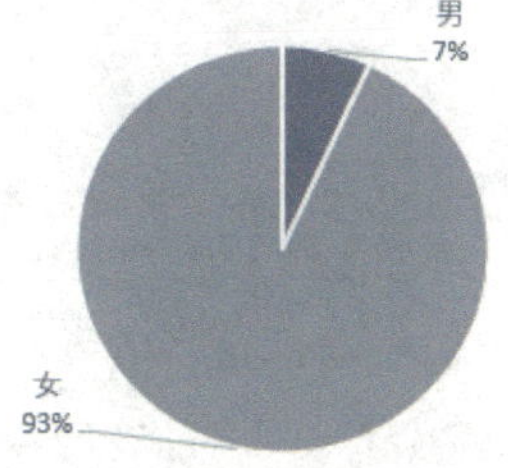

图 1–12

从图 1-12 可以看出，该自媒体账号粉丝主要以女性为主，占比高达到 93%。

（2）制作粉丝手机设备和粉丝活跃情况占比图。

粉丝手机设备占比情况及粉丝活跃情况占比图也可以按照上述步骤制作成饼图，最终结果如图 1-13 和图 1-14 所示。

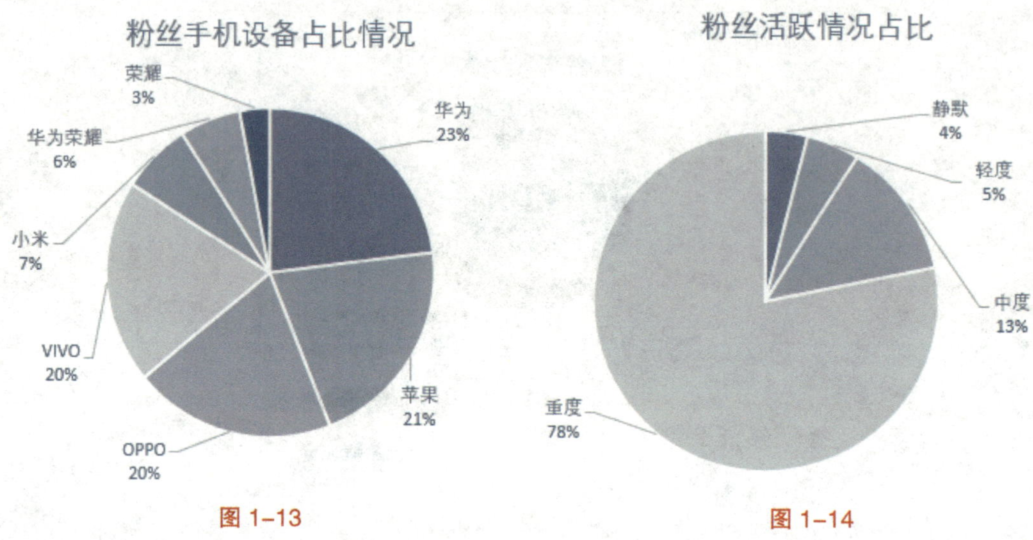

图 1–13　　图 1–14

通过粉丝手机设备占比情况和粉丝活跃情况占比分析可以知道，该自媒体账号粉丝主要使用安卓系统的手机，该类粉丝更加偏向购买价格实惠的商品。该自媒体账号粉丝活跃度较高，重度（活跃）占比达 78%。

（3）绘制粉丝地域占比情况图。

step 1：在数据表中选中地区占比的两列，在“插入”选项卡中单击“插入柱形图或条形图”按钮，在弹出的下拉列表中选择“簇状柱形图”，如图 1-15 所示 。创建后的柱形图如图 1-16 所示。

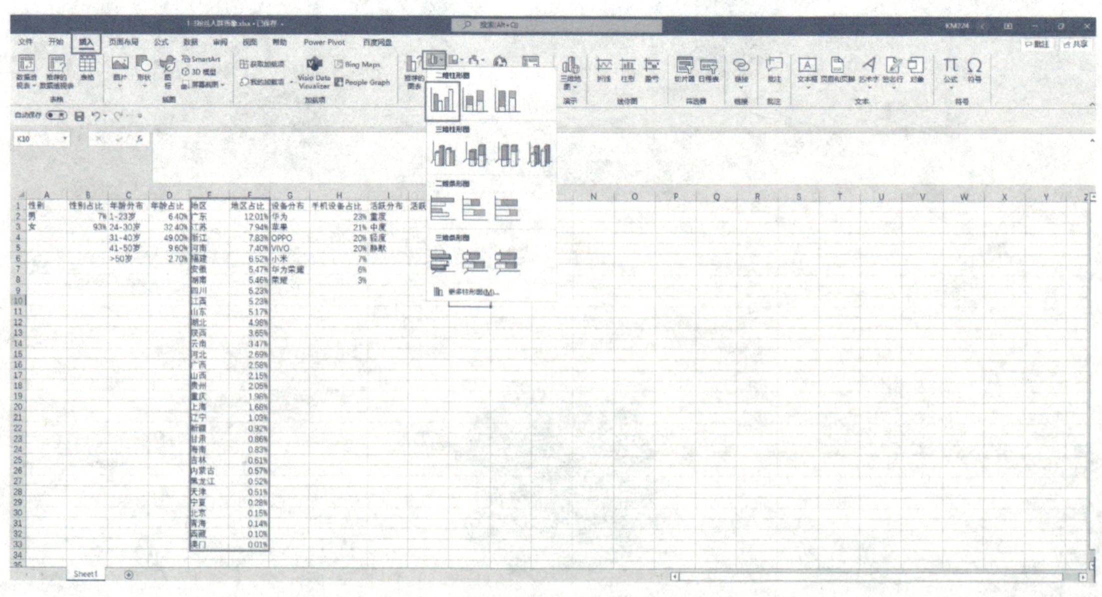

图 1–15

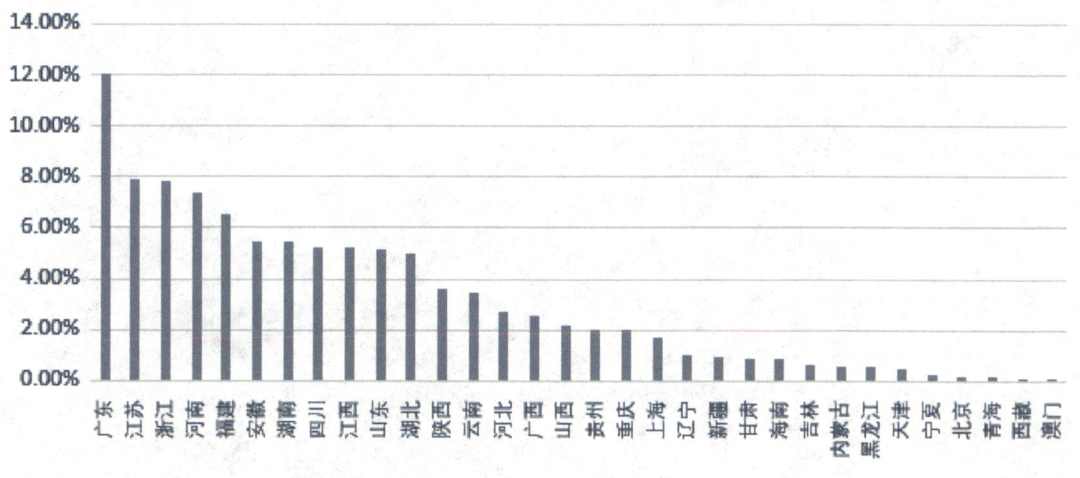

图 1–16

step 2：修改图表标题，改为“粉丝地域占比情况”，修改后如图 1-17 所示。

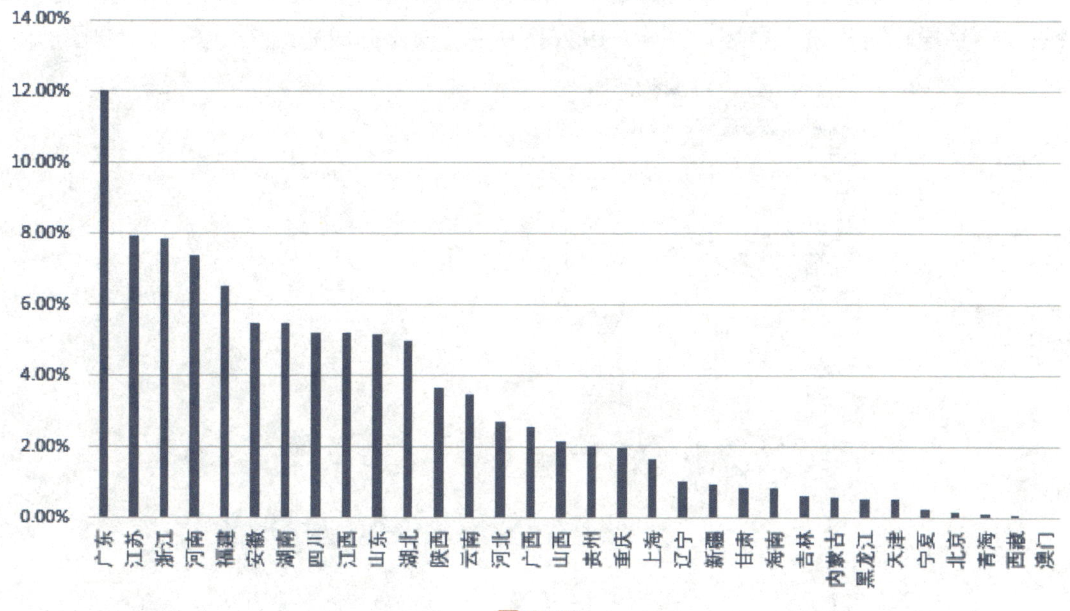

图 1–17

从图 1-17 可以看出，该自媒体账号粉丝主要集中在广东、江苏、浙江三省。

（4）制作粉丝年龄情况占比图。

step 1：打开源数据“1-3 粉丝人群画像 .xlsx”，在“插入”选项卡中单击“数据透视表”，在弹出的“创建数据透视表”对话框中单击“确定”按钮，如图 1-18 所示。

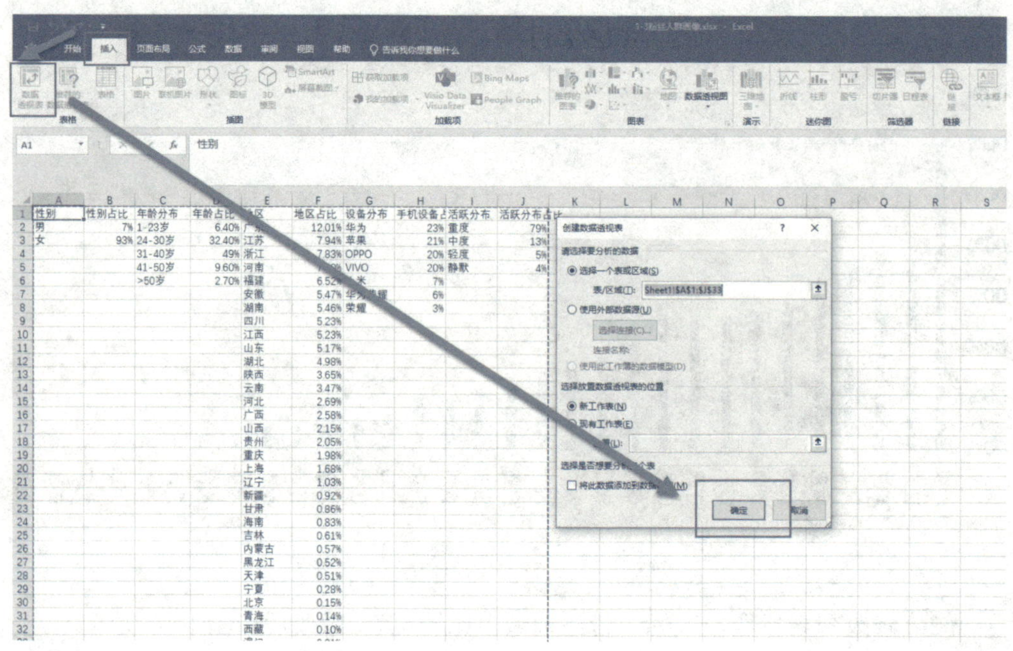

图 1-18

step 2：在“数据透视表字段”窗格中，将“年龄分布”字段拖至“行”区域，将“年龄占比”字段拖至“值”区域，如图 1-19 左图所示，操作完成后结果如图 1-19 右图所示。

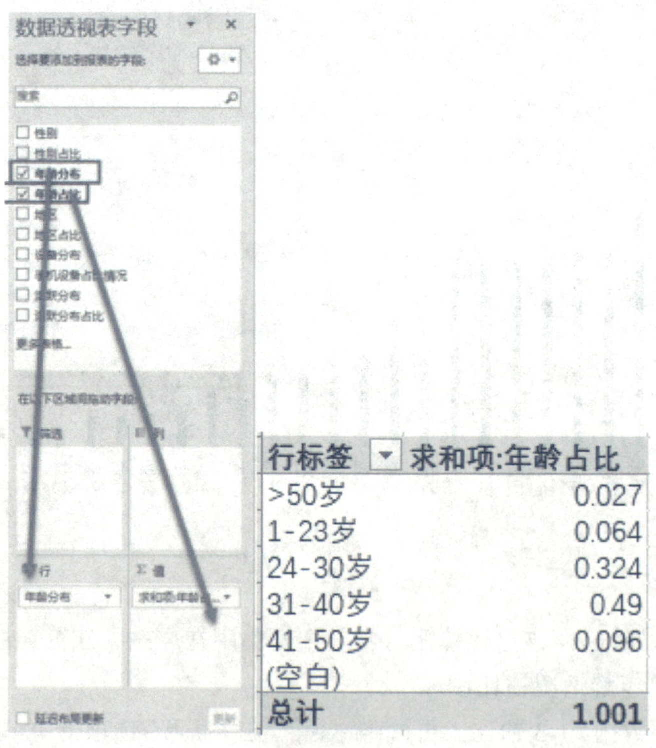

图 1-19

step 3：选中表中年龄相关数据区域，在“插入”选项卡中单击“插入柱形图或条形图”按钮，在弹出的下拉列表中选择“簇状柱形图”，如图 1-20 所示。

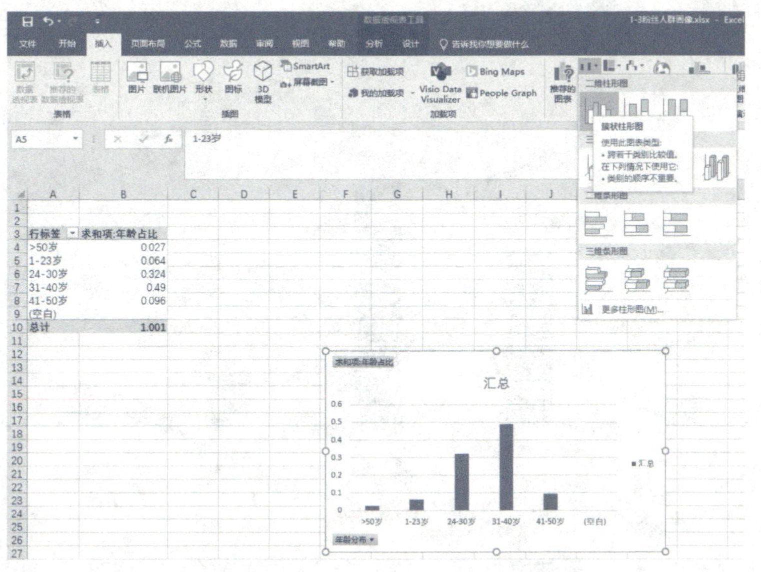

图 1-20

step 4：优化图表。删除图表中的网格线和垂直坐标轴，如图 1-21 所示；右击柱形图，在弹出的快捷菜单中选择“添加数据标签”，如图 1-22 所示，为柱形图添加相应的数据标签。优化完成后的结果如图 1-23 所示。

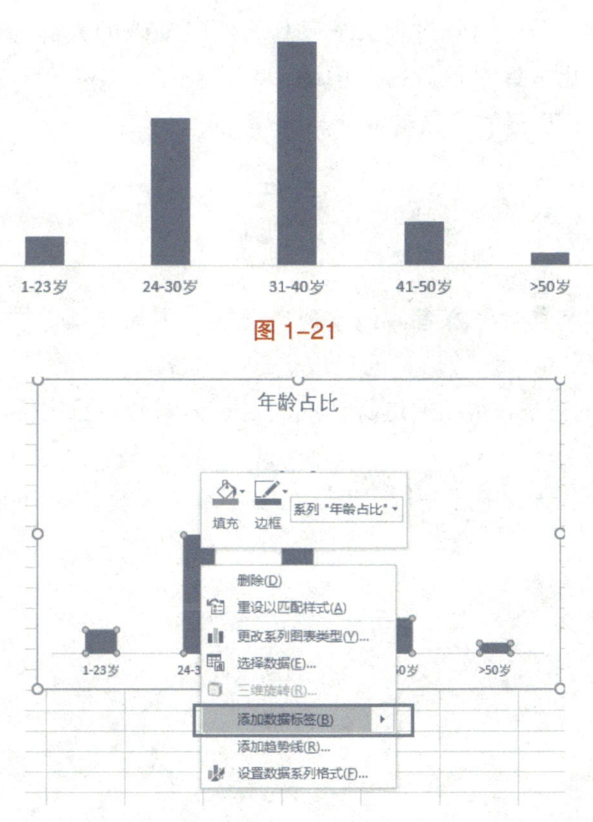

图 1-21

图 1-22

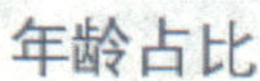

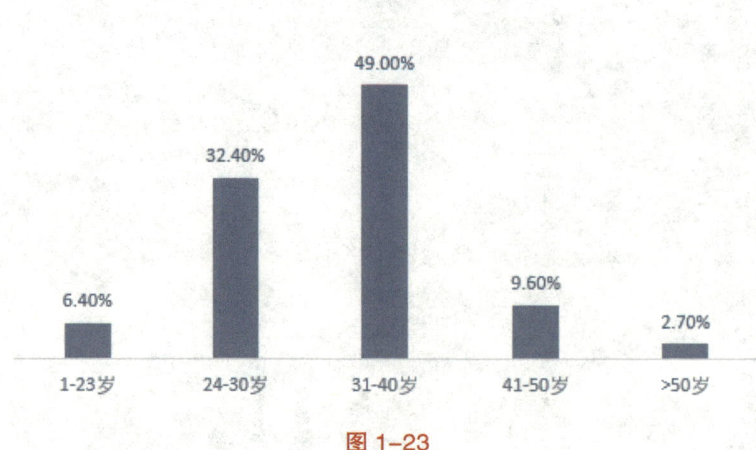

图 1-23

从图 1-23 可以看出，该自媒体账号粉丝年龄段主要集中在 31 ～ 40 岁，占比高达 49%，将近占据粉丝总数的一半。

通过对该自媒体账号的年龄占比、地域占比、粉丝手机设备占比、粉丝活跃度占比以及粉丝性别占比分析，发现该自媒体账号粉丝主要以 31 ～ 40 岁的宝妈群体为主，主要分布在浙江、广东、江苏地区，喜欢物美价廉的商品。建议自媒体创作者进行创作时可以增加该年龄段人群感兴趣的内容，并在选品中注意商品的价格，尽可能选择物美价廉的商品。

本任务对自媒体账号的粉丝进行人群画像分析，清晰的人群画像可以使视频创作者在选择短视频内容时更具针对性。在后面的账号视频推流及带货直播中获取更精准的流量，从而提高短视频和直播间商品的成交转化率。

◎ 任务实训

实训 1.3

类目：零食。

背景：小智是一名美食爱好者，他发现自己账号中的粉丝定位不精准，想重新将自己账号中的粉丝进行定位，以使流量的投放更加精准。

目标：根据小智的需求，帮助他进行详细的自媒体账号粉丝定位，并给出相应的结论。

数据：练习数据 1.1。

要求：制作 PPT，详细阐述分析思路，PPT 不少于 5 页，给出相应的总结与建议。

项目 2

选品分析

电商直播的本质是卖货，“人”“货”“场”三要素中，最重要的就是货，好的商品才能让主播走得更远。第一次吸引用户或许是因为主播的风采，但要想长久地留住用户，必须要靠优质的商品，挑选优质商品的过程就是选品。选品分析可以提高选品的命中率。通过项目 1 中自媒体账号的定位与分析，可以确定该直播间的目标人群画像及未来的发展方向，选品分析可以在此基础上向下推进。

选品分析主要从以下四个方面进行：市场分析、商品定位分析、直播选品分析、竞争分析。而在选品分析前，需要对各类目市场进行规模与趋势的分析，了解市场整体的情况，分析类目中商品的热销情况。直播后，还要对选品进行复盘和优化，最终达到提高直播间商品销量和销售额的目的。

学习目标

- ✓ 掌握市场规模分析与市场趋势分析的思路和方法
- ✓ 掌握商品定位分析的思路和方法
- ✓ 掌握直播选品分析的思路和方法
- ✓ 掌握竞争分析的思路和方法
- ✓ 掌握选品复盘与优化的思路和方法

项目导图

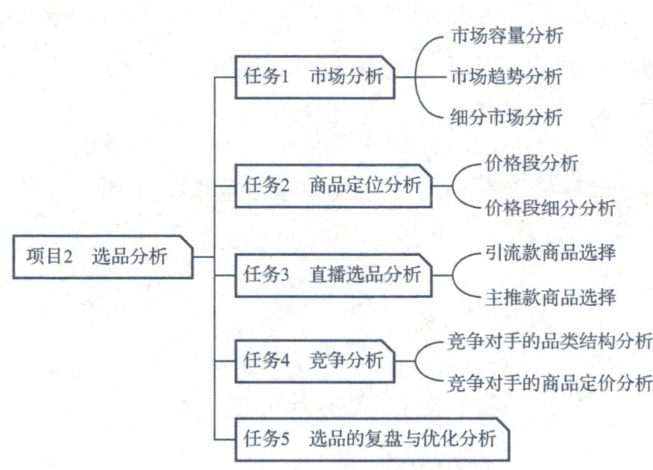

任务1　市场分析

小智喜欢各种美食，最近开通了新的抖音号，想要在抖音平台上进行零食类商品的带货直播。在直播正式启动前，需要提前了解零食类目的发展状况及市场规模。而零食类目中又包含了众多细分类目，因此，还需进一步了解各个细分类目的发展情况。

◎ 任务解读

市场分析的目的在于评估某一品类或某一单品的市场前景及市场大小，针对此二者的分析主要从市场规模（市场容量）和市场趋势入手（注：这里的规模和趋势存在一定的局限性，因为此处的数据来自第三方平台，与官方后台数据存在一定的误差）。

◎ 分析思路

针对零食类目的市场分析可以从以下方面入手：

（1）市场容量分析，即分析市场的需求情况，判断市场的天花板。

（2）市场趋势分析，分析市场近期变化情况并对市场进行预测，为确定市场运营决策提供参考。

（3）细分市场分析：基于各个细分类目的交易金额增长率和市场相对份额数据绘制增长率—份额矩阵，观察各个细分类目在矩阵上的分布情况，对比观察找出具有潜力的细分市场。

知识加油站

市场规模：又称市场容量，是指某个市场在统计时间内的需求总量，市场容量决定了市场中企业发展的天花板。

市场趋势分析：是指根据历史数据推测市场需求随时间变化的情况，从而估计和预测市场未来的趋势。

市场趋势粒度：可以按照年、月、日等时间粒度进行区分。市场趋势年粒度可以分析年之间的变化趋势，为企业整体决策提供参考；市场趋势月粒度可以分析一年中各月的市场销售情况，总结出销售集中的月份；市场趋势日粒度适合进行直播后的分析，判断近期直播销售趋势，也可为复盘提供参考。

增长率—份额矩阵：又称波士顿矩阵，其四个象限分别对应不同类型的市场：

（1）第一象限：高增长、高占比的市场（明星类市场）；

（2）第二象限：低占比、高增长的市场（机会类市场）；

（3）第三象限：低占比、低增长的市场（夕阳类市场）；

（4）第四象限：高占比、低增长的市场（金牛类市场）。

◎ 分析过程

1. 市场容量分析

市场容量分析可以用多个指标进行描述，比如销售额（交易金额）、流量、销量等指标。市场容量是评判行业情况的一个维度，要重点注意的是不能认为市场容量越大越好，市场容量的大小为市场选择及市场策略的确定提供参考。

打开本书资料包中文件“2-1 零食市场分析 .xlsx”，该表格是 2021 年抖音平台美食行业的交易金额统计数值（本项目相关数据均已脱敏），如图 2-1 所示。

	A	B
1	日期(月)	交易金额
2	2021/1/1	9383486488
3	2021/2/1	2641287353
4	2021/3/1	4527721954
5	2021/4/1	4161700206
6	2021/5/1	4354033680
7	2021/6/1	4483559296
8	2021/7/1	4338811318
9	2021/8/1	5580100105
10	2021/9/1	6277164647
11	2021/10/1	4948789496
12	2021/11/1	7407256183
13	2021/12/1	8413451560

图 2-1

下面以表 2-1 中的数据为基础进行零食市场容量分析。

step 1：选中数据表中相关数据区域 A1:B13，在“插入”选项卡中单击“插入柱形图或条形图”按钮，在弹出的下拉列表中选择“簇状柱形图”，如图 2-2 所示。

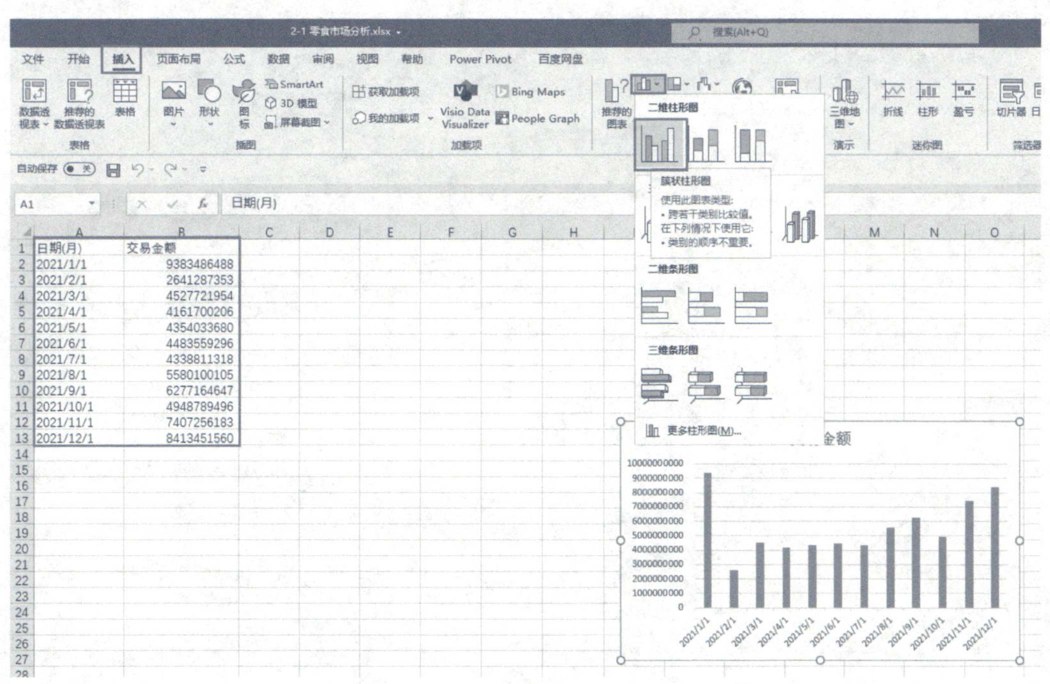

图 2-2

step 2：删除汇总图例和网格线，将标题修改为“零食市场交易规模”，用鼠标右键单击垂直坐标轴，在如图 2-3 所示的“设置坐标轴格式”窗格中，将“显示单位”设置为“100000000”。

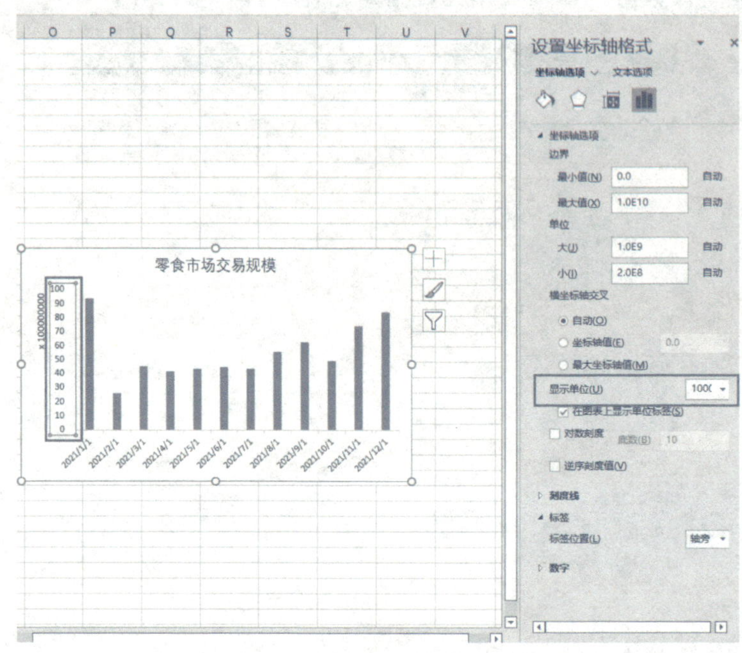

图 2-3

step 3：在坐标轴左侧添加标签，将其内容设置为“单位：亿元”，并将“文字方向”设为“竖排”，如图 2-4 所示。

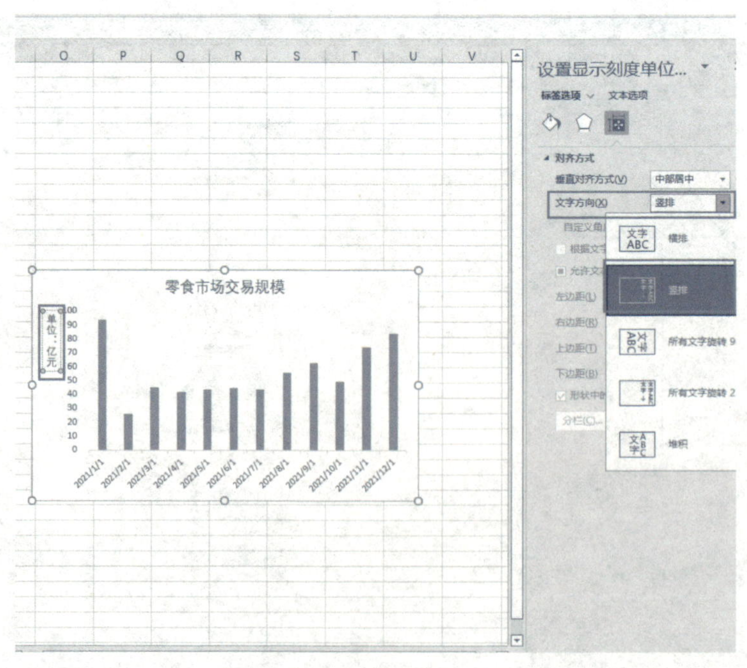

图 2-4

step 4：增加数据标签，如图 2-5 所示。

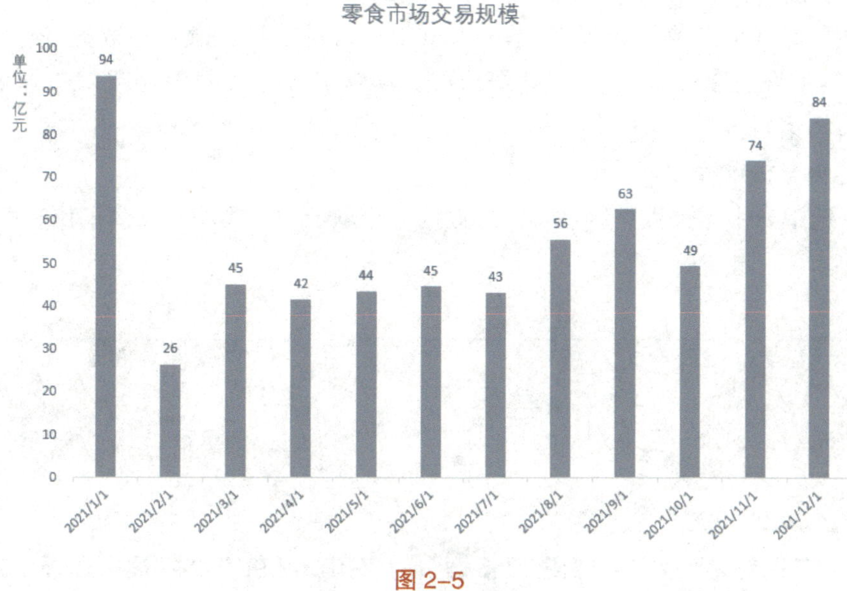

图 2-5

通过计算，可以得出直播零食市场 2021 年月均成交金额约为 55 亿元，该市场需求较大，特别是 1 月、11 月、12 月这三个月，市场中零食的需求明显增多。

市场容量分析的主要的目的是确定市场规模，判断市场是否有潜力，是否适合企业进入。

2. 市场趋势分析

与上述步骤相同，绘制“零食市场交易规模”折线图，如图 2-6 所示。

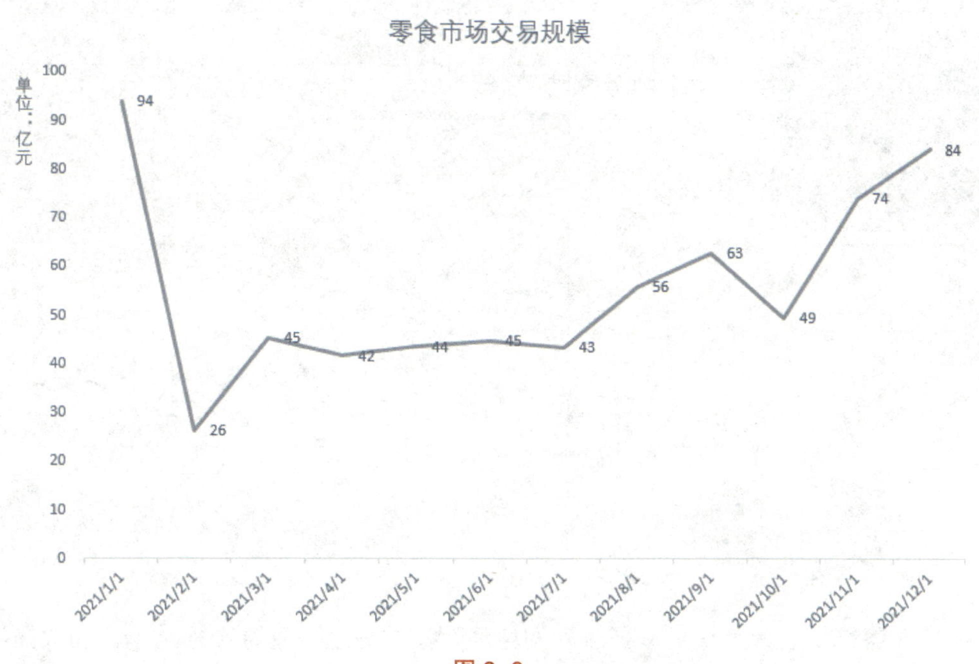

图 2-6

图 2-6 为 2021 年零食市场的月趋势变化图，可以发现，2021 年 3 月至 2021 年 7 月，市场交易金额整体波动不大；2021 年 7 月至 2021 年 12 月，市场交易金额呈上升趋势。

为了更好地预测未来的市场变化，对 2022 年市场交易金额趋势数据进行预测计算，预测 2022 年 1 月至 2022 年 3 月的数据情况。店铺可以通过预测结果对市场做出预判，从而调整市场策略。

市场趋势分析过程如下：

step 1：选中表中相关数据区域，在“数据”选项卡中，单击“预测工作表”，如图 2-7 所示。

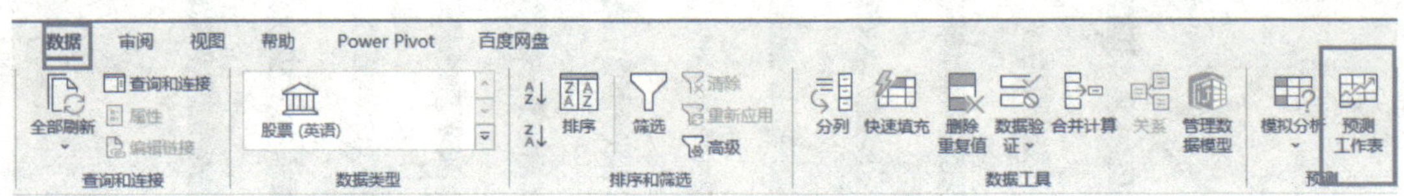

图 2–7

step 2：在“创建预测工作表”对话框中的“预测结束”文本框中选择“2022/3/1”，如图 2-8 所示，然后单击“创建”按钮。

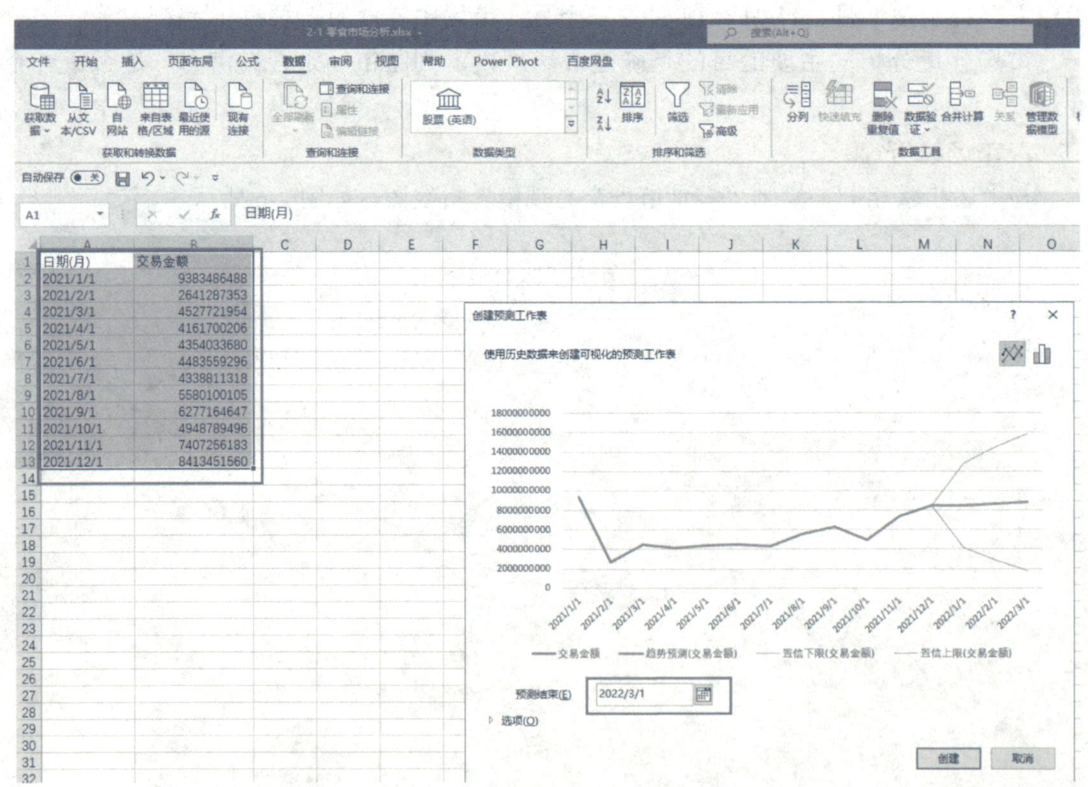

图 2–8

step 3：将结果进行美化处理，删除网格线，添加标题、垂直坐标轴单位和数据标签，结果如图 2-9 所示。

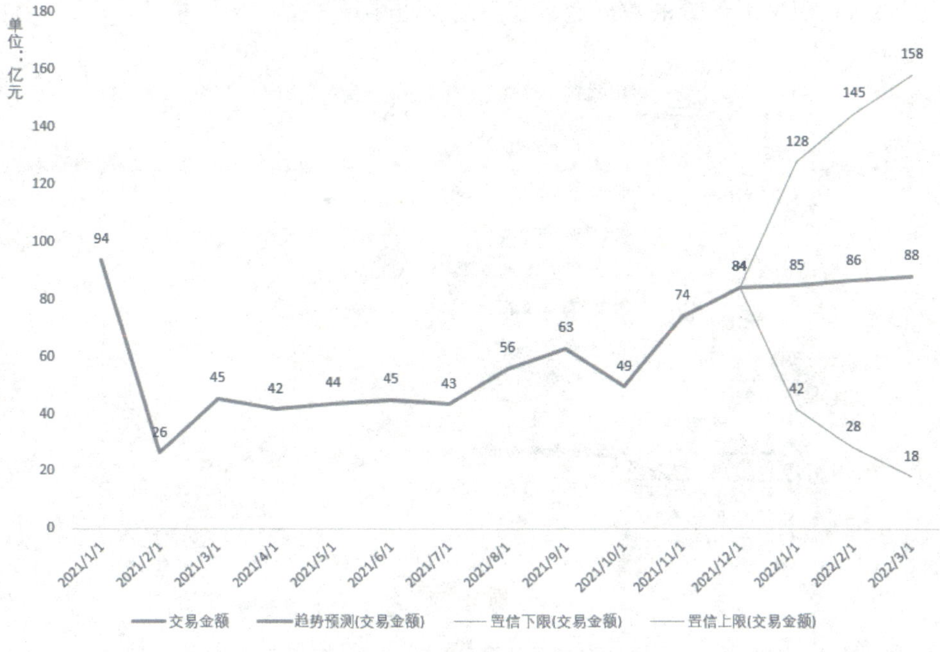

图 2–9

置信上限（交易金额）和置信下限（交易金额）表示预测结果的上限与下限，趋势预测（交易金额）表示预测的结果。

3. 细分市场分析

打开本书资料包中文件“2-2 细分市场分析 .xlsx”，如图 2-10 所示。该表格统计了 2017 年 7 月至 2020 年 5 月零食市场各个细分类目的交易金额数据。

由于统计时间内只有 2018 年和 2019 年是完整年，所以，绘制增长率－份额矩阵时对应的两个指标是 2019 年较 2018 年的交易金额增长率和 2019 年的市场相对份额，这两个指标均可通过绘制数据透视表得出。

	A	B	C
1	二级类目	日期	交易金额
2	鱿鱼丝/鱼干/海味即食	2017/7/1	52798948
3	鱿鱼丝/鱼干/海味即食	2017/7/1	38349908
4	鱿鱼丝/鱼干/海味即食	2017/7/1	26323160
5	鱿鱼丝/鱼干/海味即食	2017/7/1	4370085
6	鱿鱼丝/鱼干/海味即食	2017/7/1	4328756
7	鱿鱼丝/鱼干/海味即食	2017/7/1	2407063
8	鱿鱼丝/鱼干/海味即食	2017/7/1	1177115
9	鱿鱼丝/鱼干/海味即食	2017/7/1	25460
10	鱿鱼丝/鱼干/海味即食	2017/8/1	59660285
11	鱿鱼丝/鱼干/海味即食	2017/8/1	43598167
12	鱿鱼丝/鱼干/海味即食	2017/8/1	28257680
13	鱿鱼丝/鱼干/海味即食	2017/8/1	4364812
14	鱿鱼丝/鱼干/海味即食	2017/8/1	4314302
15	鱿鱼丝/鱼干/海味即食	2017/8/1	2782450
16	鱿鱼丝/鱼干/海味即食	2017/8/1	1106973
17	鱿鱼丝/鱼干/海味即食	2017/8/1	8815
18	鱿鱼丝/鱼干/海味即食	2017/9/1	57856255
19	鱿鱼丝/鱼干/海味即食	2017/9/1	46258546
20	鱿鱼丝/鱼干/海味即食	2017/9/1	26152484
21	鱿鱼丝/鱼干/海味即食	2017/9/1	5049013
22	鱿鱼丝/鱼干/海味即食	2017/9/1	4660598

图 2–10

step 1：选中表中数据区域任意单元格，在“插入”选项卡中单击“数据透视表”，在弹出的“来自表格或区域的数据透视表”对话框中单击“确定”按钮，如图 2-11 所示。

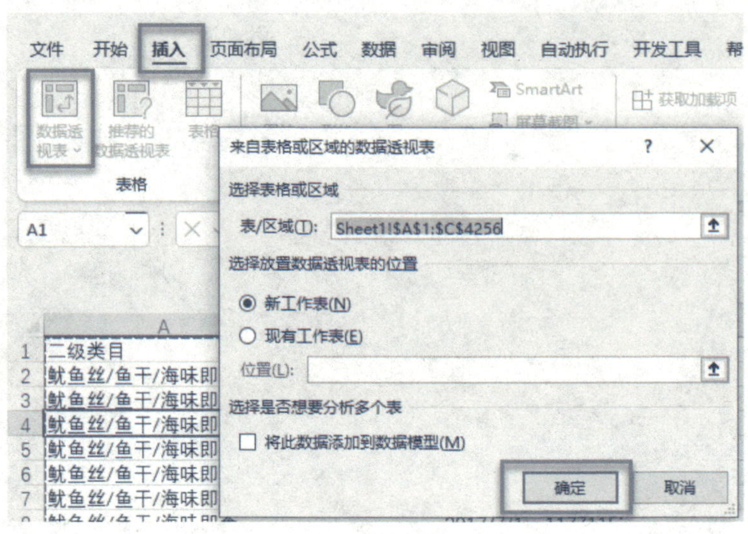

图 2-11

step 2：在弹出的新页面中，将“数据透视表字段”窗格中的“二级类目”字段拖至“行”区域，将“年”字段拖至“列”区域，连续两次将“交易金额”字段拖至“值”区域，如图 2-12 所示。

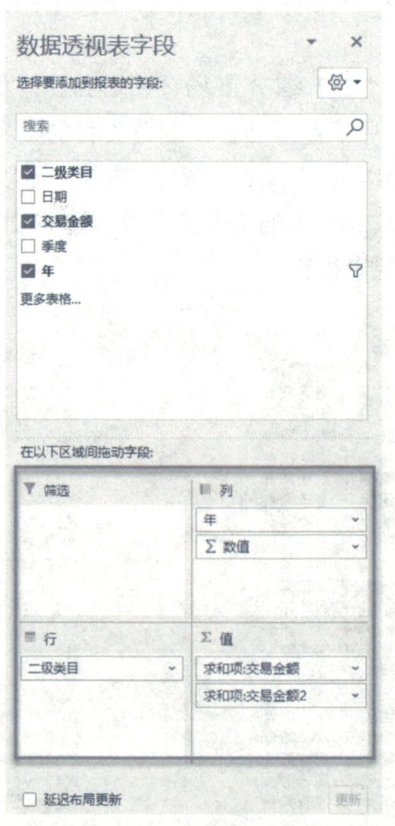

图 2-12

step 3：右击“求和项:交易金额”，在弹出的“值字段设置”对话框中，将“值显示方式”设置为“列汇总的百分比”，如图 2-13 所示；同样，进入“求和项：交易金额 2”的“值字段设置”对话框，将“值显示方式”设置为“差异百分比”，将“基本字段”设置为“年”，将“基本项”设置为“上一个”，如图 2-14 所示。

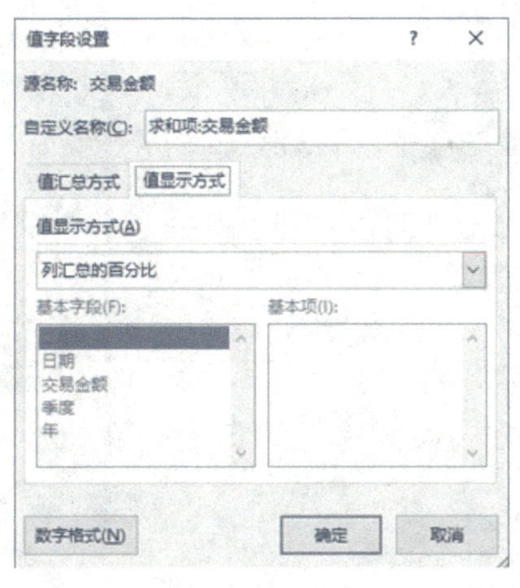

图 2-13

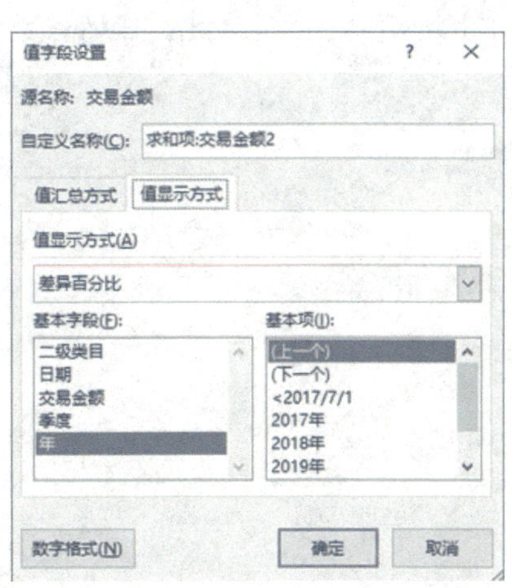

图 2-14

step 4：为了绘制矩阵图，需要将数据透视表中的 2019 年交易金额和 2019 年较 2018 年的交易金额差异百分比数据复制到新的区域，并对字段进行重命名，如图 2-15 所示，形成新的表格。

行标签	列标签 2018年 求和项:交易金额	求和项:交易金额2	2019年 求和项:交易金额	求和项:交易金额2
饼干/膨化	16.60%		17.17%	27.50%
豆干制品/蔬菜干	3.94%		3.63%	13.44%
糕点/点心	19.24%		19.94%	27.72%
蜜饯/枣类/梅/果干/冻干	12.53%		11.41%	12.15%
牛肉干/猪肉铺/卤味零食	12.47%		12.59%	24.47%
巧克力	4.47%		4.02%	10.84%
山核桃/坚果/炒货	19.15%		18.91%	21.70%
糖果零食/果冻/布丁	7.77%		8.22%	30.35%
鱿鱼丝/鱼干/海味即食	3.83%		4.11%	32.11%

二级类目	2019年交易金额占比	2019年环比增幅
饼干/膨化	17.17%	27.50%
豆干制品/蔬菜干	3.63%	13.44%
糕点/点心	19.94%	27.72%
蜜饯/枣类/梅/果干/冻干	11.41%	12.15%
牛肉干/猪肉铺/卤味零食	12.59%	24.47%
巧克力	4.02%	10.84%
山核桃/坚果/炒货	18.91%	21.70%
糖果零食/果冻/布丁	8.22%	30.35%
鱿鱼丝/鱼干/海味即食	4.11%	32.11%

图 2-15

step 5：选中新表格中数据区域的任意单元格，在“插入”选项卡中单击“推荐的图表”按钮，如图 2-16 所示，选择散点图。单击“确定”按钮后生成散点图。

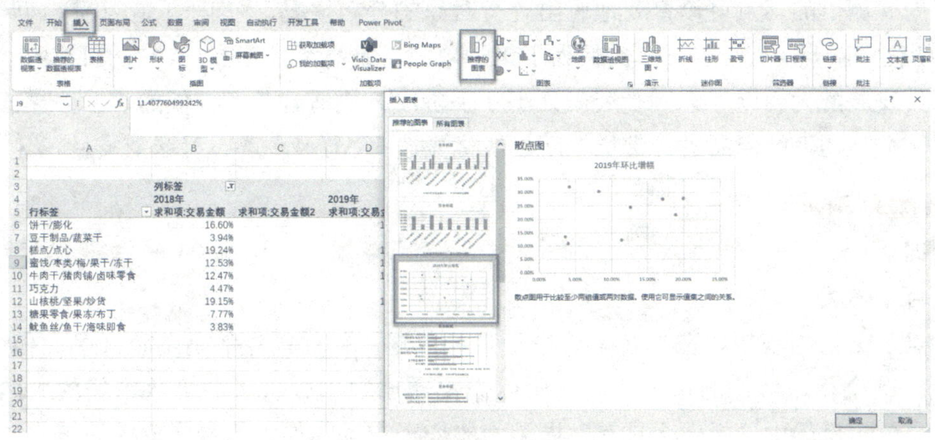

图 2-16

要想将散点图设置为矩阵图，需要计算出各个指标的平均值，再对 x 轴、y 轴的坐标轴数值进行设置，如图 2-17 所示。以 x 轴为例，通过 AVERAGEA() 函数计算出 2019 年交易金额占比的平均值约为 0.11。双击散点图中的 x 轴，在弹出的“设置坐标轴格式”窗格中，将“坐标轴值”设为 0.11，以同样的方式设置 y 轴坐标轴值，并修改图表标题为“零食类目细分市场矩阵图”。至此，矩阵图绘制完成。

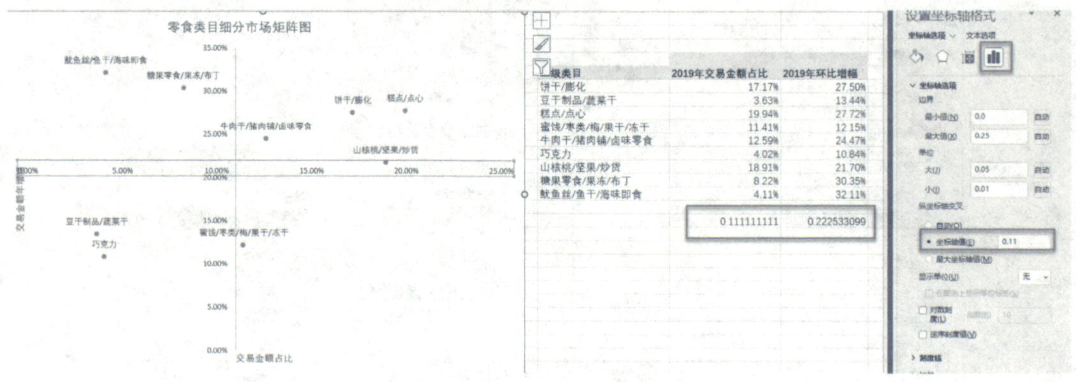

图 2-17

此外，为了更好地观察各个类目在矩阵中的分布情况，可以在“标签选项”中勾选“单元格中的值”，值的范围就是二级类目的类目名数据所在位置，如图 2-18 所示。

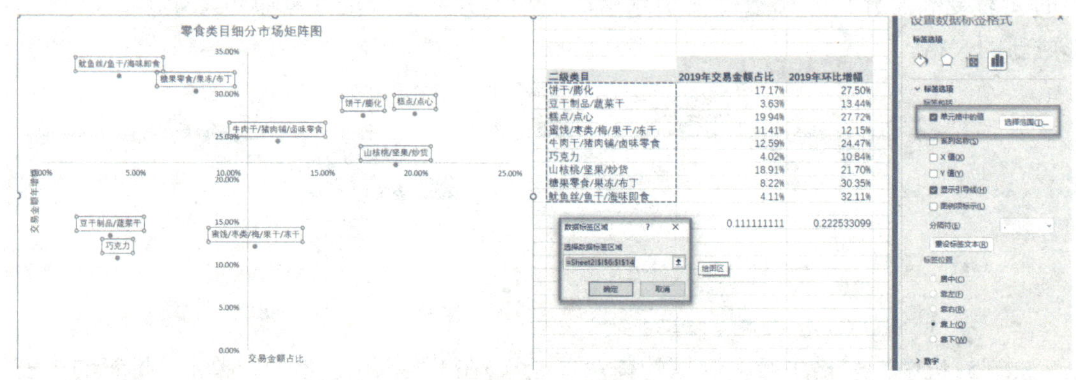

图 2-18

根据观测值的落点可以直观地看出分析对象的分布情况，牛肉干 / 猪肉铺 / 卤味零食、饼干 / 膨化、糕点 / 点心这三个类目处于第一象限，是高增长率高份额的类目，相比其他类目更具发展潜力。但考虑到小智尚处于新手阶段，更适合难度较低的“单品模式”，即只选择一个品类下的商品进行带货，所以应优先选择“糕点 / 点心”这个类目。

◎ 任务实训

实训 2.1

类目：美妆。

背景：某位主播想要在抖音平台进行带货直播，目前选定的是美妆商品。但由于该主播没有一个相对成熟的运营团队，所以想要通过数据分析了解美妆市场的大致情况。并希望在美妆市场中选择一个具有发展潜力的细分市场，作为他带货直播的第一站。

目标：对美妆市场进行分析，找出一个具有发展潜力的细分市场。

数据：练习数据 2.1。

要求：用 PPT 制作一份简易的市场报告，包含市场容量分析、市场趋势分析和细分市场分析。PPT 内容不少于 6 页（标题页和目录等除外）；图表展示简洁明了（柱形图、折线图、饼图等）；阐述总结性语句要表述清晰、逻辑合理（可设置结论页）。

任务 2　商品价格定位分析

了解食品类目市场前景后，小智想围绕交易金额增幅较高的“糕点 / 点心”细分类目进行选品，通过对该类目市场的进一步了解，他决定选择“全麦面包”类商品进行带货直播并对其进行商品价格定位。

◎ 任务解读

商品的价格是选品中最重要的一个部分，零食是人们日常生活中常见的商品，所以一定要具有价格优势。

商品定价可从竞品对比、阶梯定价、突出性价比等多个角度进行分析。以阶梯定价为例，根据行业特性和品牌价格区间，可以对不同款的商品进行阶梯定价，如划分为 50 元以下、50 ～ 100 元、100 ～ 150 元、150 元以上等不同价格区间。结合直播商品品类组成，对选品进行细分定位，按照商品在直播中的作用，可以将商品分为引流款、主推款（爆款）、利润款和常规款，不同作用的商品定价不同。

◎ 分析思路

商品价格定位可从两个方面入手：

（1）价格段分析，分析“全麦面包”类商品的价格，找到热销的价格区间。

（2）价格段细分分析，基于热销价格段，结合商品类别，找出符合引流款和主推款两类商品的定位价格区间。

知识加油站

引流款商品：顾名思义，此类商品的作用主要是吸引流量，一般都是低价格的商品，用来吸引用户，比如 9.9 元包邮的商品。此类商品价格低，决策成本低，但可以提升直播间的人气，营造商品热卖的场景。

主推款商品：也称爆款商品，如品牌新品、联名商品、当季必需品等。此类商品能制造出话题，让顾客产生兴趣，有利于直播间的宣传推广。

◎ 分析过程

1. 价格段分析

从第三方平台获取到“全麦面包”关键词近 30 天的商品销售数据，数据共 798 条，现对商品价格进行分析。

打开本书资料包中文件“2-2 商品定价分析 .xlsx”，如图 2-19 所示。

宝贝ID	销售价最低	销售价最高	30天销量	30天销售额	净含量	保质期
618779708541	6.8	23	3257	43252.96	500g	15
596615247881	6.9	33.9	51030	903231	400g	90
617991779824	6.9	31.8	16101	271462.86	400g	90
629562843258	6.9	30.9	5860	96690	400g	90
588715628588	6.9	32.9	1559	26970.7	500g	90
595172624588	6.9	33.9	1400	24780	400g	90
615613542785	6.9	27.9	1135	17365.5	400g	90
614885779874	7.9	31.9	9948	174090	400g	90
621546582670	7.9	32.9	1438	25740.2	400g	90
600649320435	7.9	31.9	468	8190	400g	90
622238839711	7.9	32.9	219	3920.1	400g	90
649017930256	7.9	32.79	23	410.64	500g	90
646847148001	8.52	28.12	1134	18552.24	1000g	45
599741154226	8.8	46.9	7335	176333.4	400g	90
633276120300	8.9	29.9	3015	52159.5	500g	90
623964045763	8.9	27.9	131	2161.5	500g	90

图 2-19

step 1：在“插入”选项卡中单击“数据透视表”，放置数据透视表的位置选择“新工作表”，如图 2-20 所示，单击“确定”按钮。

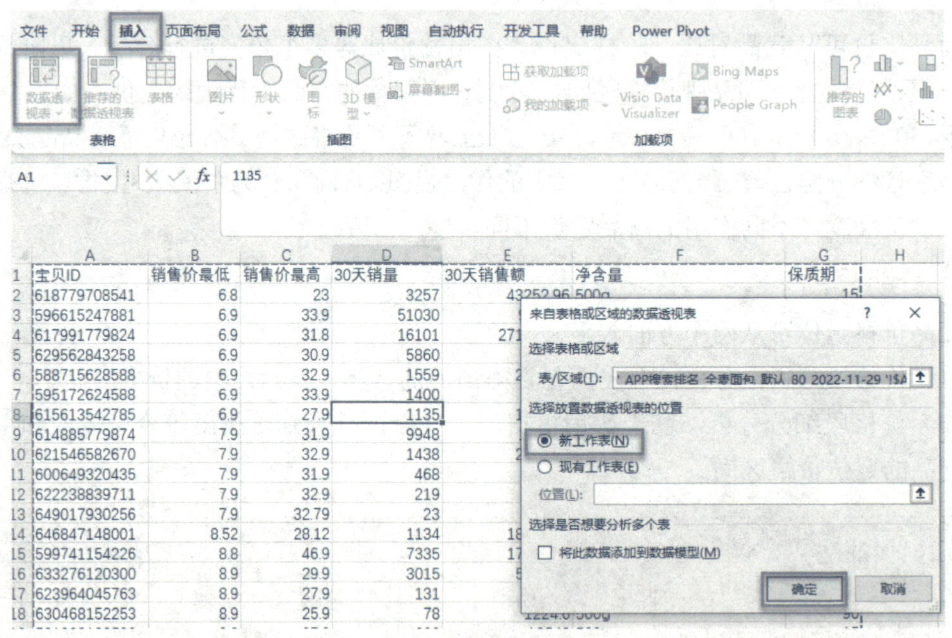

图 2-20

step 2：在“数据透视表字段”窗格中，将“销售价最低”字段拖入“行”区域，将“30 天销量”字段和“30 天销售额”字段拖入“值”区域，如图 2-21 所示。

step 3：对价格进行组合操作。选中“行标签”列中任意单元格，单击鼠标右键，在弹出的快捷菜单中选择“组合”，如图 2-22 所示；参考最低价 6.8 和最高价 274.45，最终将起始值设置为 5，终止值设置为 280，步长设置为 20，如图 2-23 所示。

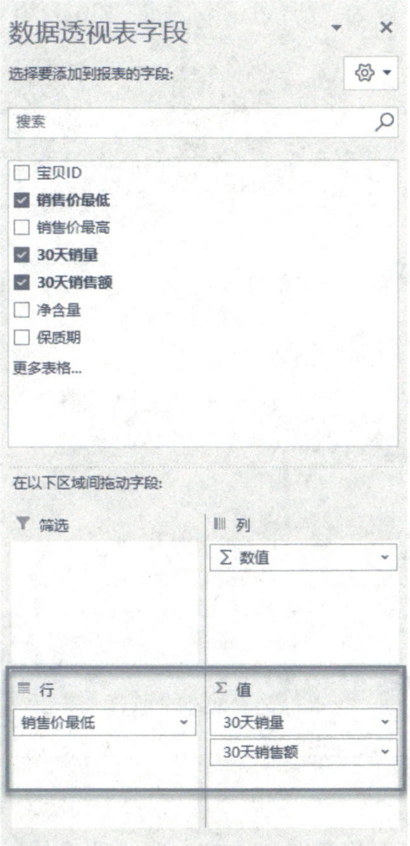

图 2-21

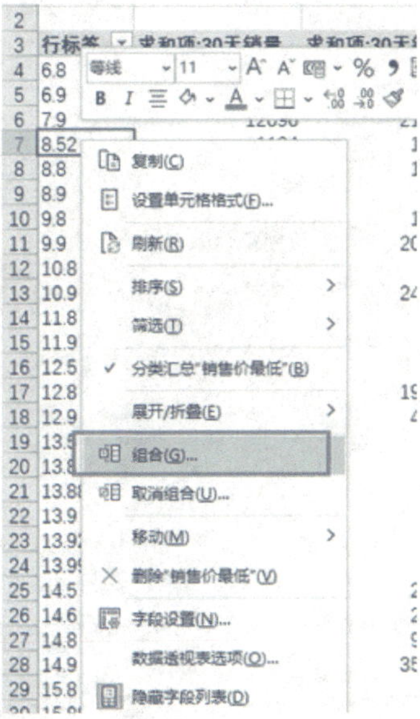

图 2-22

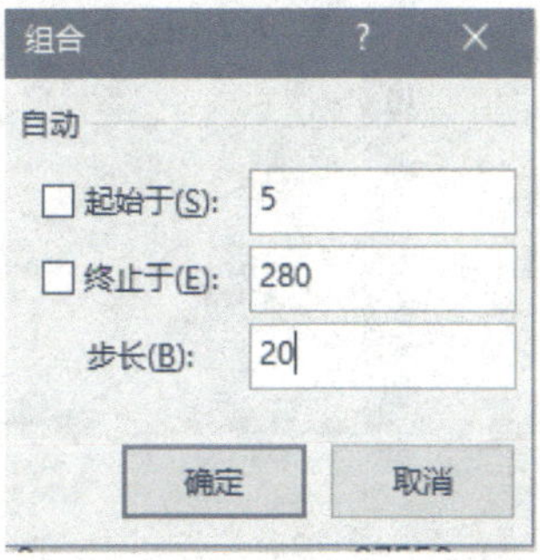

图 2-23

step 4：在“插入”选项卡中单击“推荐的图表”按钮，如图 2-24 所示；在弹出的“插入图表”对话框中选择“组合图”；将“30 天销售额”系列名称设置为“簇状柱形图”，将“30 天销量”系列名称设置为“折线图”，并将“30 天销量”设置为次坐标轴。

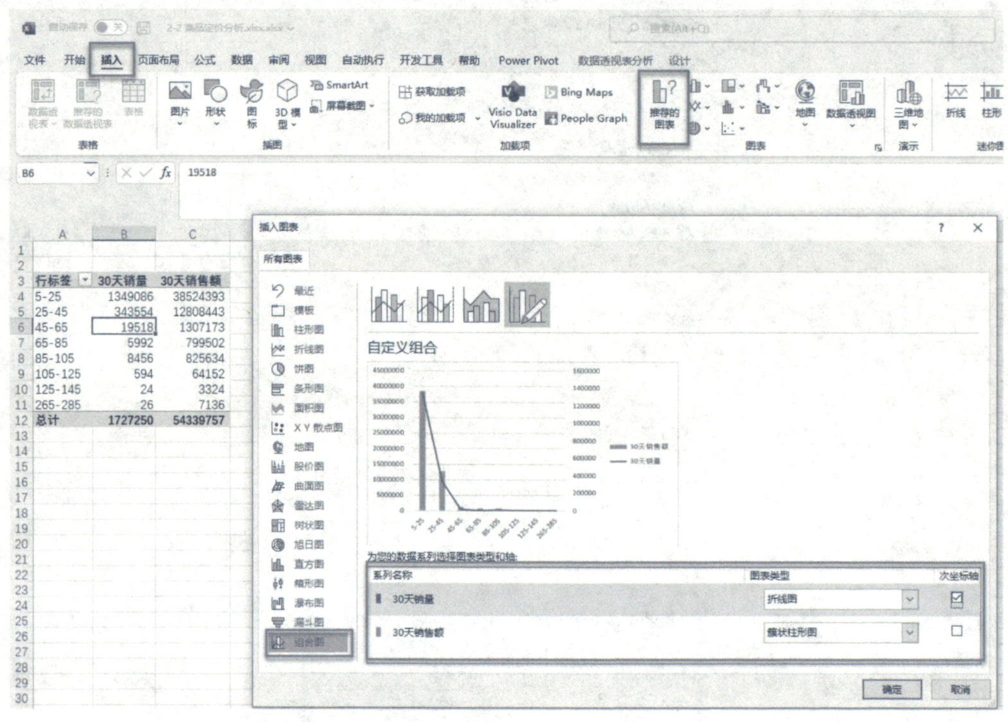

图 2-24

step 5：美化图表，将图例放在图表上方，删除网格线，将标题修改为“热销价格段分析”，将垂直坐标轴显示单位设置为“10000”等。最终结果如图 2-25 所示。

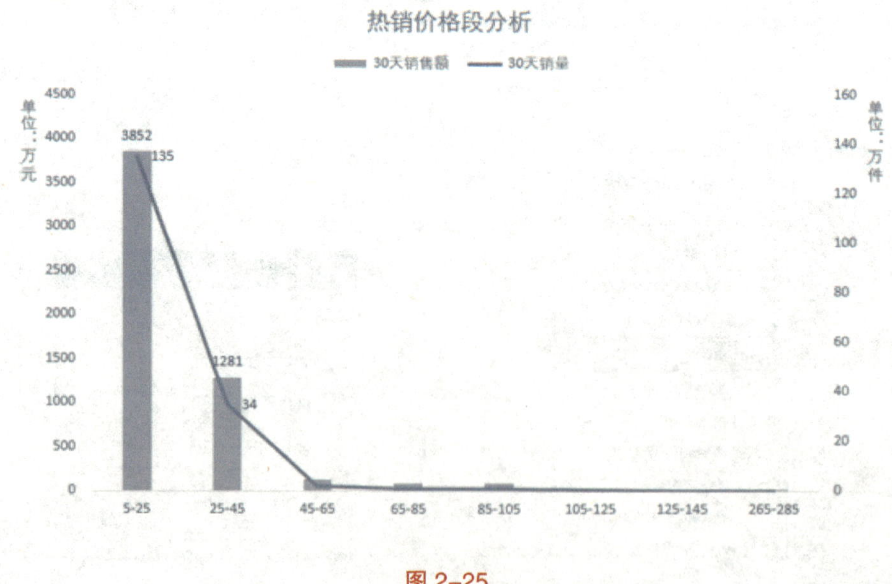

图 2-25

通过上述分析，可以得出，“全麦面包”类商品的热销价格段在 5 ～ 25 元，近 30 天的销量约为 135 万件，近 30 天的销售额约为 3852 万元。其次售卖较好的价格段是 25 ～ 45 元。

价格段分析的主要目的是确定热销价格段，选择热销价格段定位商品价格。

2. 价格段细分分析

直播中，通常会有根据商品价格、属性等将其划分为不同类别，先分析全部商品的价格段，再细分确定引流款和主推款商品的价格段。

引流款商品是能给直播间带来流量的商品，比如一元秒杀六瓶可乐等，通常给消费者“抢到就是赚到”的感受。结合“全麦面包”商品数据，选择 5 ～ 25 元价格区间作为引流款商品价格段细分区间。

主推款商品不一定价格低，但一定要品质好、用户群体广，性价比高，这样才能有销量。结合“全麦面包”商品数据，最终确定主推款商品在 45 ～ 65 元中对商品价格进行定位。

（1）对引流款商品价格进行定位。

step 1：在“插入”选项卡中单击“数据透视表”，放置数据透视表的位置选择“新工作表”，单击“确定”按钮，如图 2-26 所示。

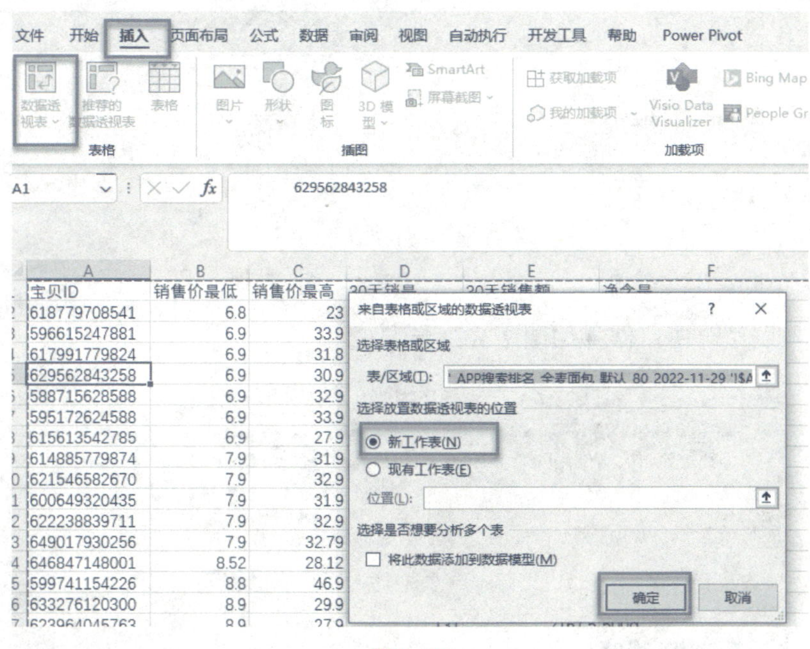

图 2-26

step 2：在“数据透视表字段”窗格中，将“销售价最低”字段拖入“行”区域，将“30天销量”字段和“30 天销售额”字段拖入“值”区域，如图 2-27 所示。由于在分析热销价格段时已经对价格进行了组合，所以当选择相关字段后会默认显示已经组合的价格段。

step 3：重新对价格进行组合操作，起始值、终止值不变，将步长值改为 5，如图 2-28 所示。

step 4：选择 5 ～ 25 元的价格区间，如图 2-29 所示。

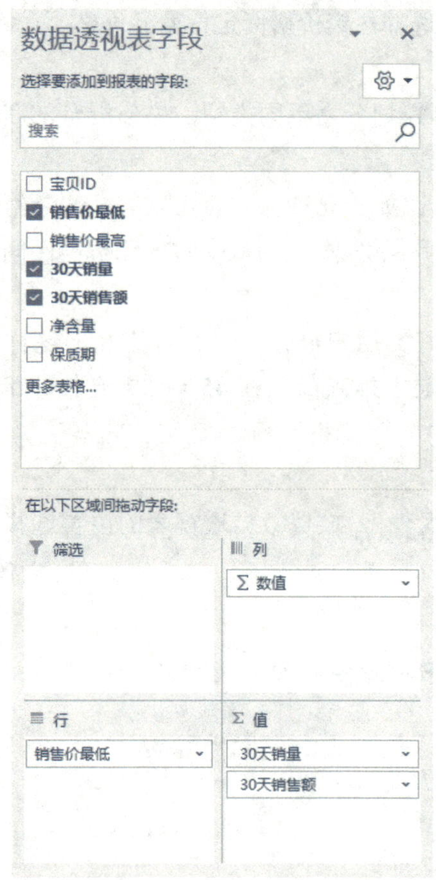

图 2-27

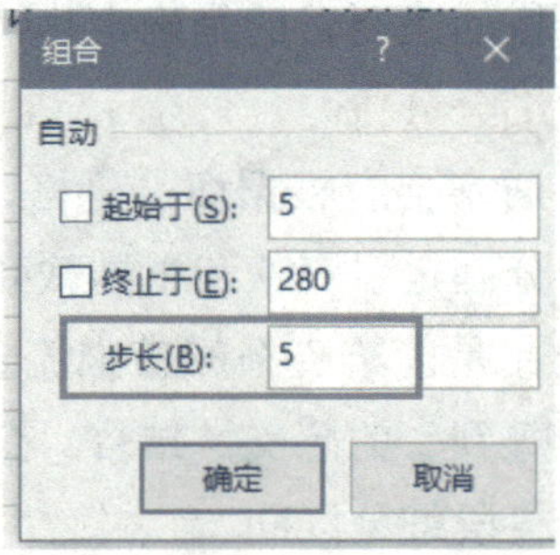

图 2-28

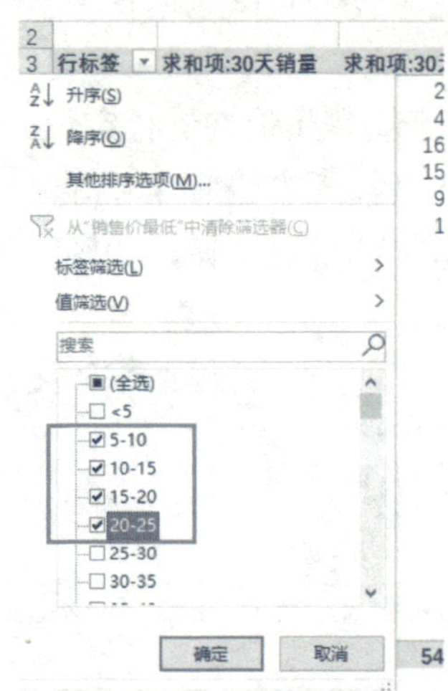

图 2-29

step 5：绘制组合图，结果如图 2-30 所示。

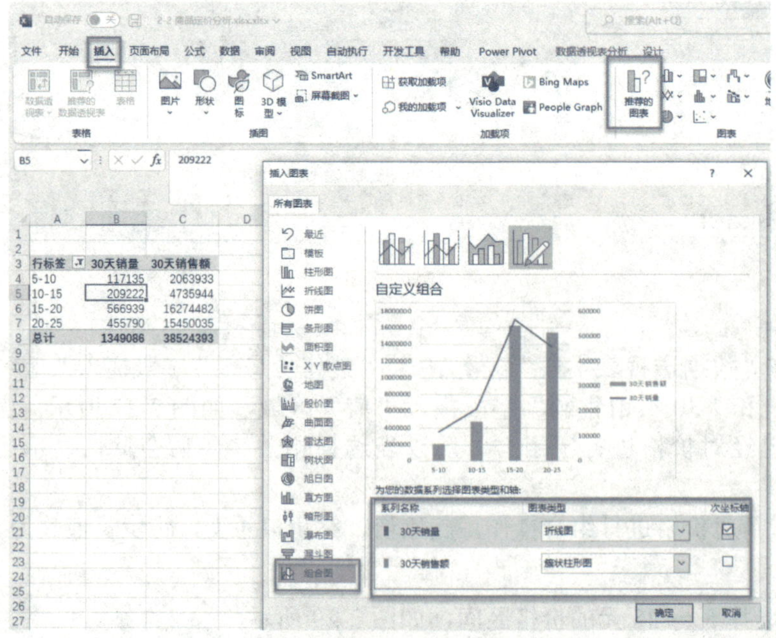

图 2-30

step 6：美化图表，最终结果如图 2-31 所示。

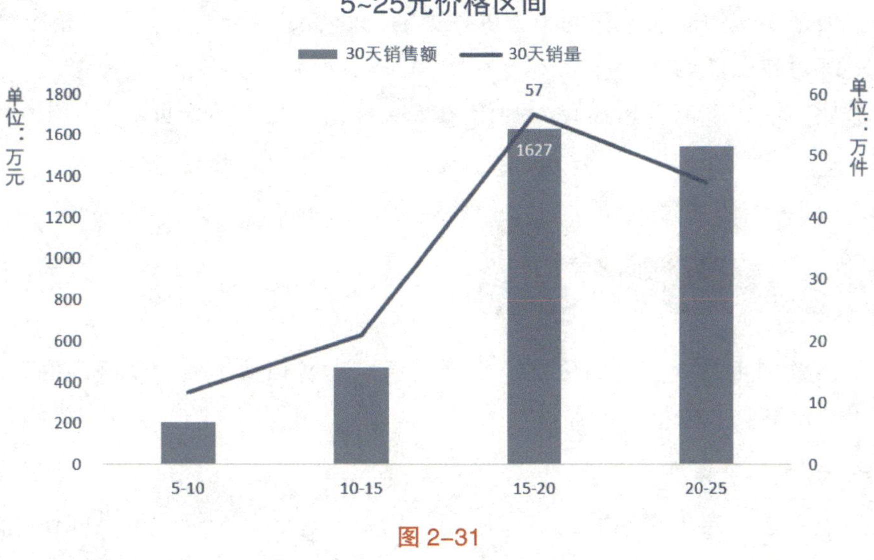

图 2-31

（2）对主推款商品价格进行定位。

筛选 45 ～ 65 元价格区间中的商品进行分析，方法与引流款商品的分析步骤相同，最终结果如图 2-32 所示。

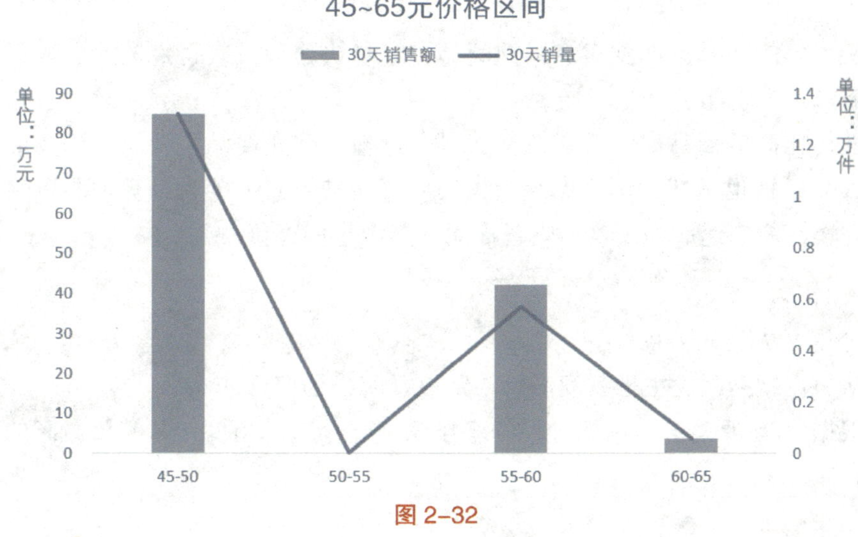

图 2-32

从图 2-31 和图 2-32 可以看出，“全麦面包”类商品细分热销价格段在 15 ～ 20 元、20 ～ 25 元、45 ～ 50 元、55 ～ 60 元。根据畅销程度，确定引流款商品价格定位于 15 ～ 20 元，确定主推款商品价格定位于 45 ～ 50 元。

价格段细分分析的主要目的是确定引流款商品和主推款商品的价格定位区间。

◎ 任务实训

实训 2.2

类目：零食。

背景：小智是一位美食爱好者，现在需要将自己的商品进行定位分析，从而了解自己的商品定位是否存在问题。

目标：根据小智的需求，帮助小智进行详细的商品定位分析，并给出相应结论。

数据：练习数据 2.1。

要求：要体现详细的分析思路，制作 PPT 文件，不得少于 5 页，并给出分析结论与优化建议。

任务 3　直播选品分析

确定引流款和主推款商品的价格定位区间后，小智想从不同价格区间的商品中选择直播间的引流款商品和主推款商品。

◎ 任务解读

好的商品直接决定了直播间的点击率和转化率，一到两个爆款商品能快速地引爆直播间。

选品是有思路的，新主播可以从以下几个方面进行选品：

（1）爆款商品。爆款商品都是自带流量的，跟进爆款商品是一项非常重要的技能。

（2）高复购的商品。有些商品是消费者平时需要不断购买的，如食品类就是高复购的类目。

（3）卖点强的商品。一款卖点强的商品更容易快速形成有特点的购买人群，甚至能创造购买需求，产生购买。

（4）性价比高的商品，消费者选择在抖音直播上购买商品主要还是因为商品的性价比高。大部分主播也是把性价比作为销售的主要突破方式；因为划算，所以性价比高的商品必定好卖，能快速成为爆款，为直播间积累销量和评价。

◎ 分析思路

直播选品可从以下思路入手：

（1）从引流款商品、主推款商品价格定位区间筛选符合的商品。

（2）根据“30 天销量”指标进行降序排序，结合选品角度，从销量最高的商品开始进行选品。

◎ 分析过程

1. 引流款商品的选择

打开本书资料包中的数据表“2-2 商品定价分析 .xlsx”，如图 2-33 所示，进行数据筛选。

step 1：选中数据表，在“开始”选项卡中单击“排序和筛选”→“筛选”，如图 2-34 所示，即可对数据表中各列进行筛选操作。

step 2：单击筛选按钮，选择“数字筛选”→“介于”，如图 2-35 所示。

	宝贝id	销售价最低	销售价最高	30天销量	30天销售额	净含量	保质期
2	618779708541	6.8	23	3257	43252.96	500g	15
3	596615247881	6.9	33.9	51030	903231	400g	90
4	617991779824	6.9	31.8	16101	271462.86	400g	90
5	629562843258	6.9	30.9	5860	96690	400g	90
6	588715628588	6.9	32.9	1559	26970.7	500g	90
7	595172624588	6.9	33.9	1400	24780	400g	90
8	615613542785	6.9	27.9	1135	17365.5	400g	90
9	614885779874	7.9	31.9	9948	174090	400g	90
10	621546582670	7.9	32.9	1438	25740.2	400g	90
11	600649320435	7.9	31.9	468	8190	400g	90
12	622238839711	7.9	32.9	219	3920.1	400g	90
13	649017930256	7.9	32.79	23	410.64	500g	90
14	646847148001	8.52	28.12	1134	18552.24	1000g	45
15	599741154226	8.8	46.9	7335	176333.4	400g	90
16	633276120300	8.9	29.9	3015	52159.5	500g	90
17	623964045763	8.9	27.9	131	2161.5	500g	90
18	630468152253	8.9	25.9	78	1224.6	500g	90
19	521233138590	9.8	27.8	620	10540	500g	15
20	642338412694	9.8	17.8	305	3965	1000g	60
21	684333842428	9.8	33.9	22	427.68	500g	60周
22	621140403318	9.9	29.9	3695	66140.5	80g	15
23	613828761060	9.9	16.8	2410	30510.6	435g	13
24	584260200399	9.9	29.9	2267	40579.3	1000g	60
25	587635399644	9.9	29.9	1228	21981.2	840g 210g	90
26	602007577619	9.9	30.8	723	13201.98	400g	90
27	641355310464	9.9	29	469	8226.26	420g	90
28	622082287160	9.9	35.9	350	7105	400g	90
29	621350605880	9.9	9.9	228	2257.2	500g	90
30	624244834213	9.9	18.9	192	2592	1000g	90
31	615627223777	9.9	29.9	160	2864	400g	90
32	639374339755	9.9	38.8	157	3369.22	420g	90
33	635580518115	9.9	17.8	116	1514.96	500g	90
34	639297102933	9.9	73.8	57	2021.22	420g	90
35	635223695872	9.9	35.8	5	101.3	400g	90
36	643031934962	10.8	71.8	639	22492.8	105g	90天
37	641023333812	10.9	10.9	20270	220943		
38	644340493447	10.9	23.8	1163	18677.78	400g 500g 1000g 200g	90
39	651279894019	10.9	33.9	127	2552.7	450g	180
40	653277669134	10.9	47.9	96	2467.2	500g	90天
41	642640391537	11.8	21.8	787	12434.6	500g	90

图 2-33

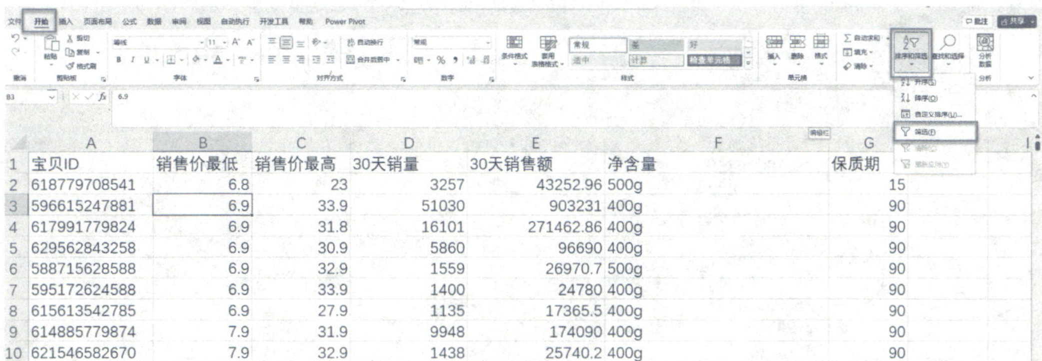

图 2-34

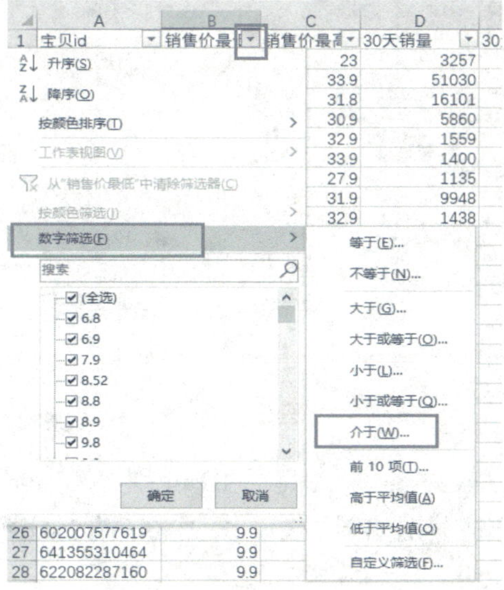

图 2-35

step 3：在弹出的“自定义自动筛选方式”对话框的“销售价最低”区域中，选择“大于或等于”，并将值设为15，再选择“小于或等于”，并将值设为20，两者为“与”的关系，如图2-36所示，然后单击“确定”按钮。

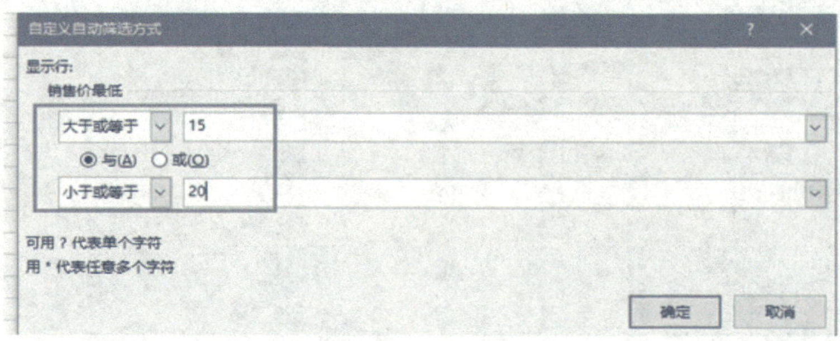

图 2-36

step 4：选中表中“30天销量”列，单击下三角按钮，在下拉列表中选择“降序”，将“30天销量”列进行降序排序，如图2-37所示。结果如图2-38所示。

	A	B	C	D	E
1	宝贝ID	销售价最低	销售价最高	30天销量	30天销售额
86	693353798816	19			58
87	563036687938	19.8			59
88	562545667657	19.9			60
89	617835005138	17.9			96
90	686789216733	19.9			111
91	580595485415	17.8			109
92	608678009385	19.9			100
93	688921302822	19.8			143
94	629951543106	17.9			125
95	684050299829	18.8			132
96	593977774637	19.8			139
97	684111749943	19.9			223
98	623003954707	19.9			159
99	589225894237	15.88			247

图 2-37

	A	B	C	D	E	F	G
1	宝贝ID	销售价最低	销售价最高	30天销量	30天销售额	净含量	保质期
86	676064624538	19.9	31.9	104813	2588881	1000g	45
87	649491848159	18.8	59.9	90173	3177697	1000g	30
88	601882699075	16.9	49.9	76952	2316255	1000g	60
89	644266130427	18.41	56.31	36731	1233060	1000g	30
90	636812384016	17.5	52.7	35753	1129080	1000g	30
91	600740969901	19.9	43.8	24862	732435	560g	60
92	652134522536	18.8	18.8	20020	376376	600g	12
93	545583565828	19.9	45.9	16965	514040	1200g	15
94	687198431803	17.9	27.9	15946	349217	1000g	15
95	611862196013	16.8	40.8	13658	360571	1000g	15天
96	596226091688	19.9	19.9	13130	261287	1000g	60
97	683147230576	15.9	39.9	12795	326273	1000g	365
98	645050833999	17.8	67.8	9261	350066	450g	14
99	530294794325	16.8	44	8969	248262	1000g	10天
100	631675016485	16.8	39.8	5220	135720	1000g	15
101	648995297296	16.8	60.8	5087	174993	350g	15
102	651316104711	19.8	59.4	5039	179590		

图 2-38

根据排序结果，销量较好的三款商品ID分别是676064624538、649491848159、601882699075，三款商品详情分别如图2-39、图2-40、图2-41所示，前两款商品为欧包，第三款商品为吐司切片。

图 2-39

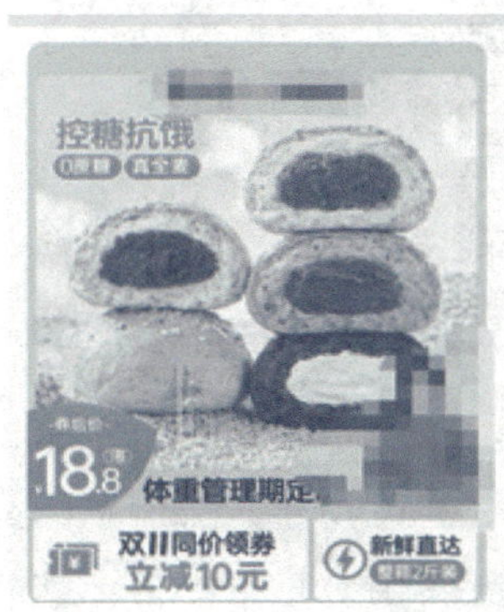

图 2-40

图 2-41

在第三方平台上对比这三款商品，可以看出，第三款商品的性价比较高，复购率也较高，所以选择 601882699075 商品作为引流款商品。

2. 主推款商品的选择

用同样的思路筛选主推款商品。筛选价格区间为 45 ～ 50 元，如图 2-42 所示，最终筛选结果如图 2-43 所示。

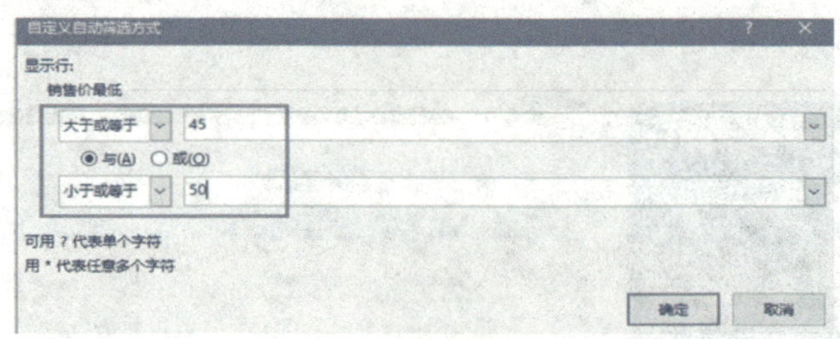

图 2-42

	A	B	C	D	E	F	G
1	宝贝id	销售价最低	销售价最高	30天销量	30天销售额	净含量	保质期
729	575460058655	49.9	49.9	3527	175997.3		
730	641502621119	49	89	2460	159900	2000g 850g	30
731	647103094720	47.8	143.4	2048	176209.92		
732	598467115253	49.9	115.9	1463	111626.9	1000g	30
733	650123410943	47.8	143.4	862	74166.48		
734	604481482441	49	49	489	23961	2000g	60
735	650662221130	49.9	55.9	416	21756.8	200g	10
736	608489711504	49.9	49.9	412	20558.8		
737	684704784779	49.9	49.9	380	18962	500g	60
738	688420762352	49.9	99.8	233	16277.38		
739	658661923447	49.9	49.9	219	10928.1	1500g	30
740	692254693208	49.9	49.9	205	10229.5	2000g	90
741	612834577477	49.9	49.9	144	7185.6	800g	20
742	623893539463	45	45	130	5850	1000g	120
743	557821963697	49	49	69	3381	3000g	90
744	591697844453	48	262	48	6412.8	1100g	6
745	692397606766	49.9	49.9	35	1746.5	1350g	60

图 2-43

根据筛选结果，销量较好的三款商品 ID 分别是 575460058655、641502621119、647103094720。三款商品详情分别如图 2-44、图 2-45、图 2-46 所示，第一款商品中带有坚果，营养价值高，面向人群为儿童，第二款商品为全麦面包大礼包，第三款商品为吐司面包切片。

图 2-44

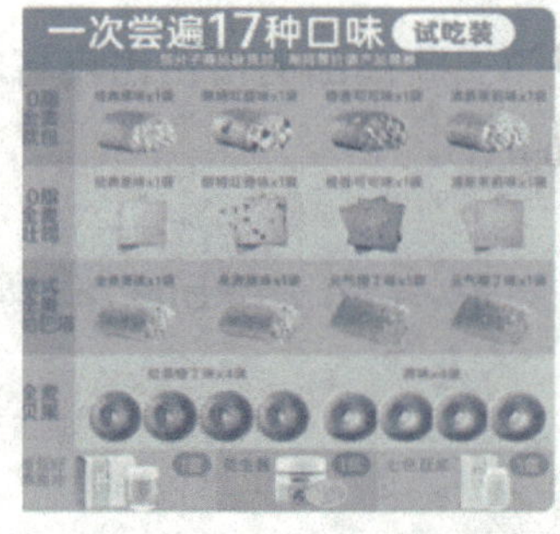

图 2-45

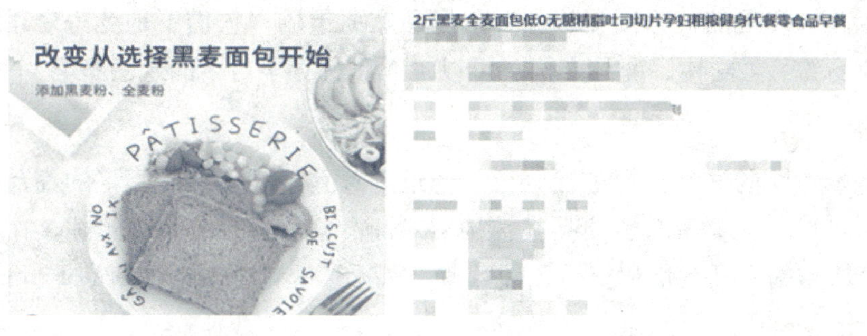

图 2–46

在第三方平台上对比这三款产品，可以发现，第一款商品有卖点，但价格偏贵；第三款吐司面包切片的性价比也不是特别高，而且由于引流款商品已经选择了吐司切片，所以主推款更偏向于选择大礼包，包含欧包、切片、贝果等，初次购买者可尝试多个品类多种口味，如果其中一个商品得到消费者的喜爱，便可提升复购率。所以最终选择641502621119商品作为主推款商品。

上述选品逻辑同样适用于其他类别的商品。直播选品结束后，直播间中商品的“排兵布阵”也至关重要。一般引流款商品占40%，主推款商品占10%，利润款商品占30%，常规款商品占20%。但不同行业、不同企业、不同品牌、不同直播间，这个数据都不尽相同，适合直播间的商品配比率，需要通过多次直播，不断复盘总结，不断优化迭代，最终才能形成直播间的选品结构。

◎ 任务实训

实训 2.3

类目：美食和美妆。

背景：小美是一位爱美的人，也是一位美妆主播，她还喜欢品尝各种美食。最近她有点疑惑，不清楚带货直播时是带一个类目的商品还是多个类目的商品。

目标：为小美选择多类目还是单类目商品提出建议（可参考TOP主播直播商品清单）。

数据：通过飞瓜、蝉妈妈等第三方平台获取相关数据。

要求：

（1）结合头部主播商品清单推荐带货类目需求。

（2）分析选择商品的原因，逻辑要清晰明了，形成Word文件。

任务4　竞争分析

小智是抖音平台的带货主播（带货类别为食品中的糕点/点心类目），想要针对竞争对手“优食尚甜品”开展竞争分析，以此了解并参考同行竞争对手的选品策略。

◎ 任务解读

竞争分析是研究、分析、比较与自己商品处于同一赛道的竞争对手。竞争对手往往都是属于同行业的，例如三只松鼠和百草味都属于零食市场的头部品牌，它们互为竞争对手，但百草味和美的，分别属于零食市场和家居市场，它们不是竞争对手。通过分析竞争对手商品的品类结构、商品定价，可以深入了解竞争对手的选品策略。

◎ 分析思路

基于竞争对手的选品数据进行分析，通过汇总其不同细分品类下的商品数量和交易金额数值，可以了解竞争对手的品类结构；对商品价格进行分组并形成多个价格带，再汇总各个价格带的商品数量和交易金额数值，可以了解竞争对手的商品定价情况。

◎ 分析过程

1. 竞争对手的品类结构分析

打开本书资料包中文件“2-4 竞争对手的商品数据 .xlsx”，该表中的数据是通过第三方抖音数据平台采集的指定竞争对手“优食尚甜品”的商品数据，数据内容如图 2-47 所示。

商品名称	商品来源	商品分类	商品价格	佣金比例	销量	销售额	关联视频	关联直播
优食尚芋泥奶油奶酪罐子蛋糕奥利奥栗子买1送1脆皮巧克力提拉米苏	优食尚甜品	糕点/点心	62.9	10%	2165	136178.5	16	33/34
优食尚芋网红奶茶白桃乌龙 原味奶茶 奶香椰子多口味包邮自选	优食尚甜品	乳品/咖啡/冲调	19.9	0%	1067	21233.3	13	33/34
优食尚芋泥奶酪球2盒8粒芋泥巧克力蛋糕荔浦香芋古早网红零食包邮	优食尚甜品	糕点/点心	39.9	0%	893	35630.7	19	33/34
优食尚芋泥奶酪球乳酪球芋泥巧克力蛋糕荔浦香芋古早网红零食包邮	优食尚甜品	糕点/点心	49.9	0%	522	26047.8	0	33/34
优食尚芋泥奶酪球+罐子蛋糕奥利奥栗子脆皮巧克力提拉米苏	优食尚甜品	糕点/点心	55.9	0%	203	11347.7	1	32/34
优食尚芋泥奶酪罐子蛋糕奥利奥栗子脆皮巧克力提拉米苏紫米肉松	优食尚甜品	糕点/点心	51.9	0%	36	1868.4	0	28/34
优食尚芋泥奶酪芋泥紫米肉松奶酪罐子蛋糕2盒装荔浦香芋包邮自选	优食尚甜品	糕点/点心	76.9	0%	22	1691.8	1	3/34
优食尚芋泥雪贝奶贝蛋糕糕点奶酪球网红甜品老奶油紫薯奶酪包邮	优食尚甜品	糕点/点心	36.9	0%	20	738	0	15/34
优食尚半熟芝士奥利奥味乳酪一盒三粒慕斯下午茶网红零食包邮	优食尚甜品	糕点/点心	44.9	0%	20	898	1	15/34
优食尚芋泥奶酪罐子蛋糕奥利奥栗子脆皮巧克力提拉米苏紫米肉松	优食尚甜品	糕点/点心	51.9	0%	18	898	0	4/34
优食尚冰山熔岩巧克力蛋糕拍1发4盒网红下午茶零食动物奶油包邮	优食尚甜品	糕点/点心	39.9	0%	15	598.5	0	16/34
优食尚芋泥雪贝蛋糕糕点奶酪球网红甜品老奶油紫薯奶酪奶贝包邮	优食尚甜品	糕点/点心	49.9	0%	12	598.8	0	6/34
优食尚虎皮芋泥千层蛋糕2盒装 紫薯 荔浦香芋包邮	优食尚甜品	糕点/点心	49.9	0%	11	548.9	0	8/34
优食尚芋泥紫米酱多多蛋糕爆浆夹心早餐网红零食毛巾卷包邮	优食尚甜品	糕点/点心	45.9	0%	0	0	0	3/34

图 2–47

选中数据区域中任意单元格，创建“数据透视表”。在弹出新页面中的“数据透视表字段”窗格中，将“商品分类”字段拖至“行”区域，将“销售额”字段拖至“值”区域，如图 2-48 所示。设置完成后将销售额数据按“降序”排列。

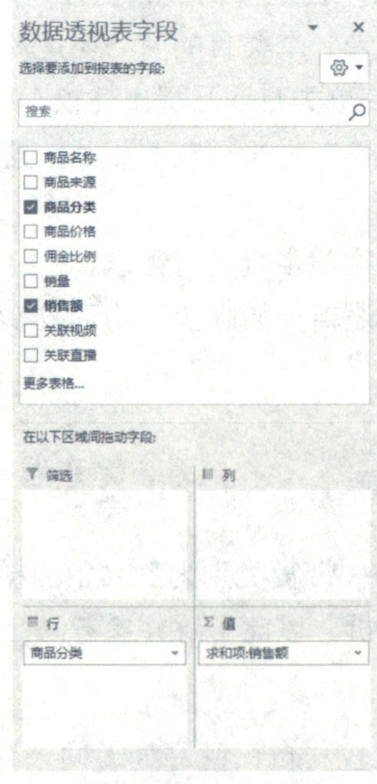

图 2–48

选中数据透视表中的数据，在“插入”选项卡中单击“插入饼图或圆环图”按钮，在弹出的下拉列表中选择“饼图”，添加图表标题为“不同品类的销售金额占比”。在“设置数据标签的格式”窗格中勾选“类别名称”和“百分比”选项，如图 2-49 所示。

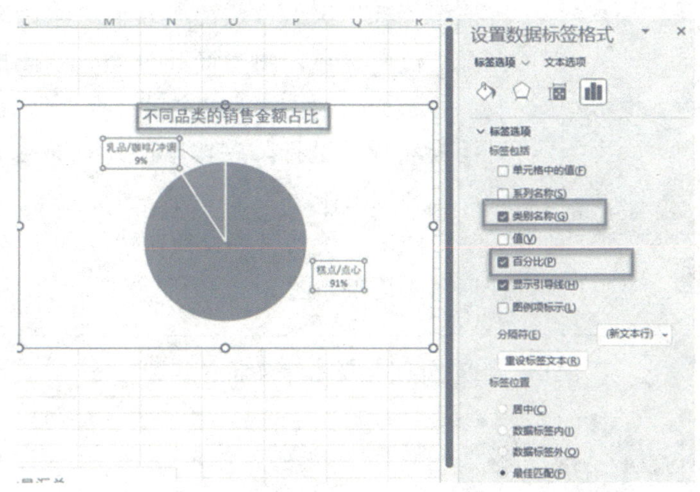

图 2-49

以同样的方法绘制“不同品类的商品数量汇总”图，结果如图 2-50 所示。

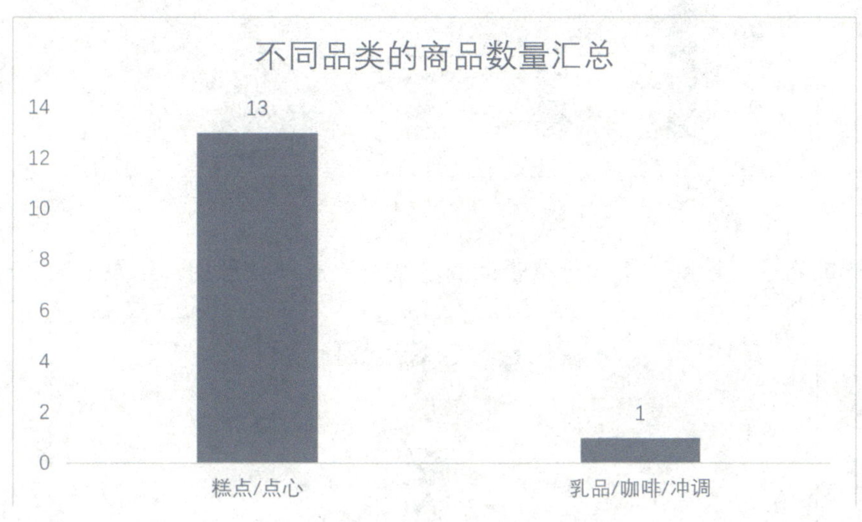

图 2-50

从图 2-49 和图 2-50 可以看出，竞争对手的商品品类有“糕点 / 点心”和“乳品 / 咖啡 / 冲调”两类。其中，“糕点 / 点心”类商品的交易金额占比高达 91%，商品数量为 13，是主要的销售品类；而“乳品 / 咖啡 / 冲调”类商品则以 1 个商品就占据了 9% 的销售额，销售情况良好。根据这两类商品的性质，可以将两个品类的商品进行组合作为关联商品进行销售，从而提升客单价和销售额。这种以单个品类为主、关联品类为辅的商品品类结构，可以带来可观的盈利。

2. 竞争对手的商品定价分析

根据表“2-4 竞争对手的商品数据 .xlsx”中的数据对竞争对手主营品类中的商品定

价进行分析，但“乳品 / 咖啡 / 冲调”类中只有一款商品，所以没有分析的必要，只需要分析“糕点 / 点心”类中的商品。

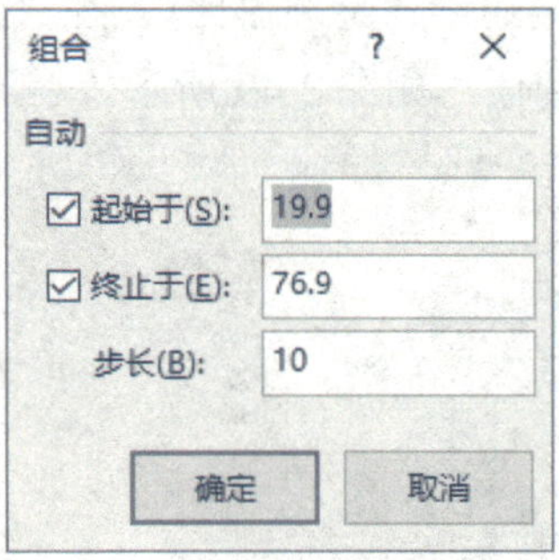

在“数据透视表字段”窗格中，将“商品价格”字段拖至“行”区域，将“销售额”字段和“销量”字段拖至“值”区域，将“商品分类”字段拖至“筛选”区域，并添加筛选内容为“糕点 / 点心”。设置完成后，针对销售额数据进行降序排序，并对商品价格数据进行组合，组合方法如图 2-51 所示。

组合 ? ×
自动
☑起始于(S): 19.9
☑终止于(E): 76.9
步长(B): 10
确定 取消

图 2–51

形成多个价格带后，绘制“不同价格带的销售情况”柱形图，结果如图 2-52 所示。

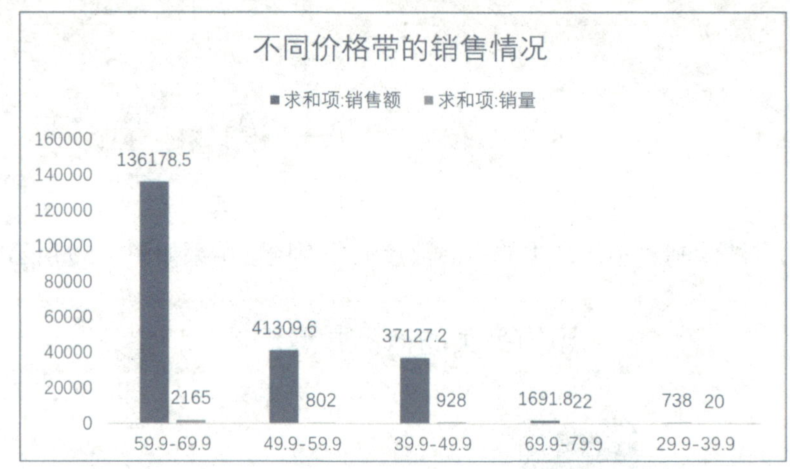

图 2–52

以同样的步骤，绘制“不同价格带的商品数量汇总”柱形图，结果如图 2-53 所示。

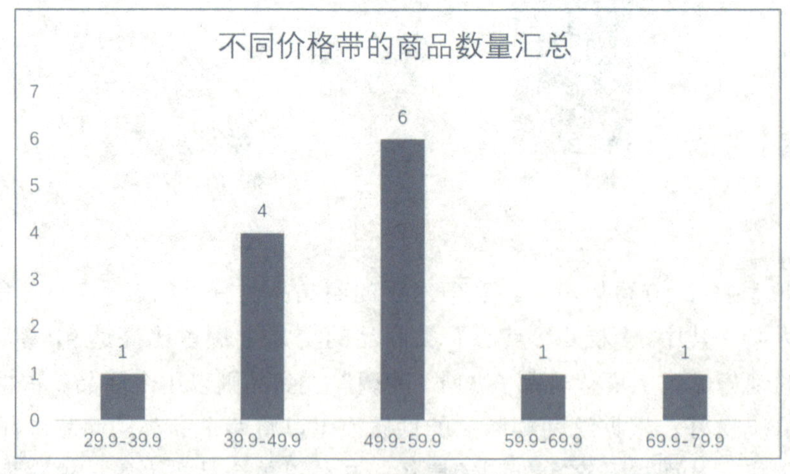

图 2–53

从图 2-52 和图 2-53 中可以看出，59.9 ～ 69.9 元是销售额、销量最高的价格带，但对应的商品数量为 1。39.9 ～ 49.9 元和 49.9 ～ 59.9 元这两个价格带的商品总数为 10，占据了整体的 76.92%，两个价格带的销量总和接近价格带 59.9 ～ 69.9 元。综上所述，竞争对手的定价范围较广，定价稍高或定价稍低的商品数量占比少，大多数商品的定价处在中部价格。价格低、中、高三个部分的商品数量比例为 1∶10∶2，主要从中等价格、中高等价格的商品中产生盈利。

◎ 任务实训

实训 2.4

类目：美妆。

背景：小王正处于选品阶段，现在希望从竞争对手“刘姑娘”的选品信息中寻找可以参考的内容。

目标：分析竞争对手的商品数据，得到有用的信息。

数据：练习数据 2.4。

要求：

（1）从商品品类分析和商品定位出发。

（2）结论可用 PPT 或 Word 形式进行展示。

任务 5　选品的复盘与优化分析

◎ 任务解读

分析此任务时需要先对选品进行复盘，再对复盘中出现问题的商品进行优化。复盘是对直播后的数据进行分析。选品的复盘和优化都是针对商品选择的，具体的优化方案多种多样。

◎ 分析思路

对直播间各款商品依次进行复盘，从销售额、销量、转化率等指标进行复盘分析，判断各款商品是否起到了相应的作用，是否达到了预期效果。将未达到预期效果的商品进行调整或优化；达到预期效果的商品，可以对产品的销售方案进行优化，使其销量进一步增加。

◎ 分析过程

进行复盘工作，数据是必不可少的，没有数据就无法进行复盘。

以抖音平台销售数据为例，进入“巨量百应”，选择某场直播即可查看直播中商品的点击率及销售数据。

巨量百应是抖音的后台数据，能获取自己直播间的数据，如图 2-54 所示。

获得数据后，需要先了解各款商品的作用，才能对其进行具体分析，如引流、获利等。

如果是根据作用划分的商品类型，那么这类商品的直播数据具有以下特点：

（1）引流款商品的曝光人数、商品点击率和销量较高（除限量秒杀），但销售额比爆款低。

（2）利润款商品拥有较高的佣金比例和利润，但销售额不一定是最高的。

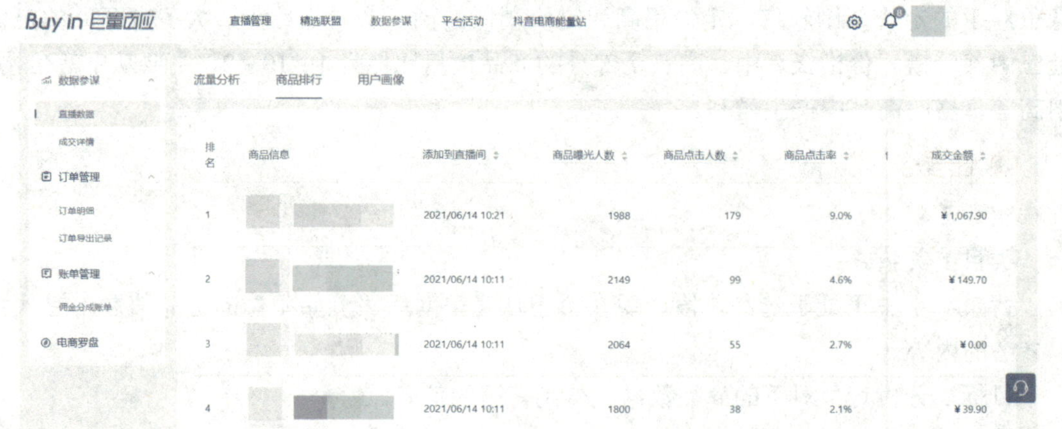

图 2-54

（3）主推款商品的成交额往往是最高的，商品选择较差的除外。

（4）常规款商品拥有一定的曝光人数和点击率。

下面分别以主推款和引流款商品为例进行讲解，数据来源于禅妈妈数据平台。

图 2-55 所示为某场直播中主推款商品的实时销售变化图。从图中可以发现，该主播在多次讲解主推款商品时，商品销量对应上升，说明该商品作为主推款是成功的。

图 2-55

如果多次讲解商品但其销量上升幅度不大甚至出现了无销量现象，应考虑以下三个方面：

（1）主播对商品的介绍不够详细或卖点讲解不够突出，无法吸引顾客购买。

（2）在人流较少时讲解主推款商品，氛围把控较差。

（3）主推款商品选择失误。

图 2-56 为该场直播中引流款商品的实时销售变化图。从图中可以发现，该引流款商品无须讲解便自然起到了引流的作用，吸引了约 15000 名（根据销量和转化率估算）消

费者，引流款商品引流效果较好。如出现引流款商品销量上升缓慢或者无上升现象，则说明引流款商品的引流效果欠佳，需要对其进行调整。调整的方式有很多，如将该商品转化成关联商品的赠品，或调整其价格等。

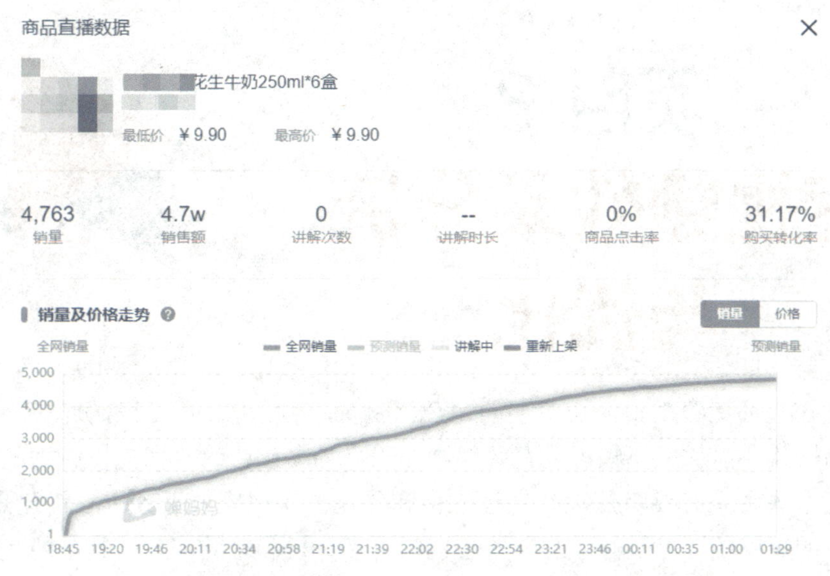

图 2-56

分析不同作用商品时需关注不同的点，以上述引流款商品为例，引流款商品应能吸引用户并把用户留在直播间，最能吸引人的便是价格，毕竟商品价格是标注在那里的，而商品的卖点则需要主播讲述或者标题展示，所以引流款商品首先就是要价格实惠，其次是要让用户认为以这个价格购买是物超所值的。

选品复盘，侧重点在于选品，按照上述方法进行复盘，解决商品选择问题，制定出最佳选品方案。

◎ 任务实训

实训 2.5

类目：女鞋。

背景：小美想要直播带货女鞋类商品，为了能更好地做好直播，小美把要销售的鞋子一双双亲自进行试穿，并在直播前完成了第一次选品，由于直播经验不足，她无法判断商品选择的合理性。

目标：判断商品选择是否成功，是否需要调整或优化。

数据：练习数据 2.5。

要求：合理判断选品是否成功，使用 Word 形成分析材料，逻辑通顺，表达清晰。

项目 3 短视频效果分析与优化

短视频在直播运营中扮演着重要的角色，例如直播前预热、日常引流等，好的短视频可以成为爆款，爆款短视频可以有效地增加账号的粉丝，为直播提供有力的流量支撑，所以直播运营人员有必要对短视频进行分析和优化。短视频效果分析与优化是通过对自己过往发布的短视频、竞争对手发布的短视频进行分析和总结，总结其中的优势和不足，淘汰表现不佳的短视频，扶持有潜力的优质短视频。通过对短视频的数据分析可以完整、准确地反映用户对短视频的反馈情况。对短视频的复盘分析和优化，可以结合爆款短视频的普遍特征，制作出内容更优质的短视频。本项目包含 3 个任务，分别是短视频效果分析、短视频脚本内容复盘与优化、爆款短视频特征分析，通过这三个任务，学习者可以掌握如何进行短视频分析和复盘，优化并创作高质量短视频。

学习目标

✓ 掌握短视频分析的重要指标数据

✓ 掌握短视频复盘优化的策略和方法

✓ 掌握爆款短视频的特征

项目导图

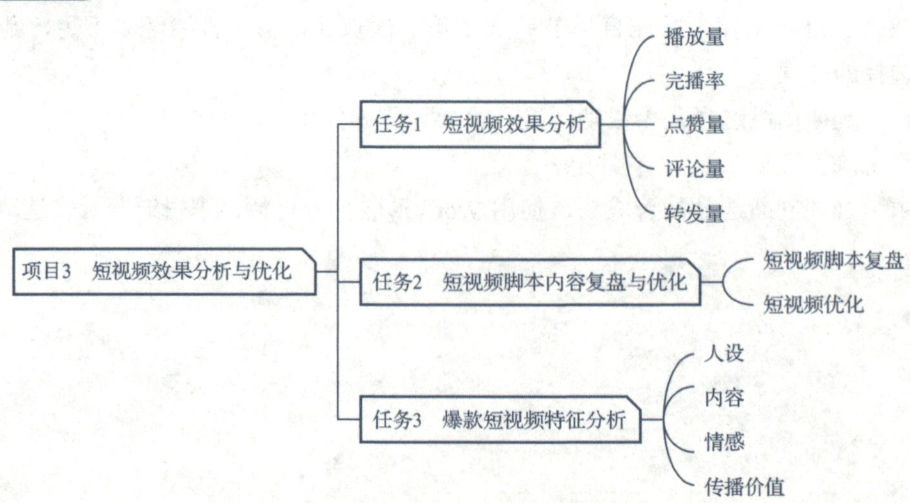

任务 1 短视频效果分析

小智在抖音账号上发布了一些美食短视频，虽然有一些观看量，但点赞量和转发量很低。小智想知道为什么自己的短视频效果不好，他准备对自己发布的短视频作品进行分析，从中找到原因。

◎ 任务解读

短视频数据包括短视频固有属性数据、播放量相关指标、播放完成性相关指标、互动数据相关指标以及关联指标等。不同的数据对应着用户的不同行为，通过对这些数据的统计和对比，可以洞察用户对于短视频的反应行为，从而分析短视频的播放效果。

◎ 分析思路

抖音给每一个短视频提供了一个基础流量池，之后短视频的播放效果取决于其在基础流量池中的表现。除基础播放量外，可以从点赞量、评论量、转发量和完播率这 4 个指标判断短视频的播放效果。

知识加油站

固有属性数据：是指在视频制作、发布的过程中产生的且不可通过外力改变的固定指标，如短视频的发布时间、短视频时长。

播放量相关指标：即播放量，也就是短视频的累计播放量。

播放完成性相关指标：是指短视频内容播放的完整性，如完播率、均播时长。

互动数据相关指标：是指达人与观看视频用户产生的互动，如点赞量、评论量、转发量和收藏量。

关联指标：是指两个数据相互作用的结果，如评论率、点赞率、转发率、收藏率、加粉率。

播放量：即短视频的播放次数。

完播率：即短视频的播放完成率。

点赞量：即短视频的累计点赞次数。

评论量：即短视频的累计评论次数。

转发量：即短视频的累计转发次数。

点赞率：点赞率 = 点赞量 / 播放量 ×100%

评论率：评论率 = 评论量 / 播放量 ×100%

转发率：转发率 = 转发量 / 播放量 ×100%

◎ 分析过程

短视频指标数据可以直接在抖音创作服务平台中的“视频数据”→“作品数据”中查看。小智获得的短视频数据如图 3-1 所示，本任务以此数据为例进行讲解。

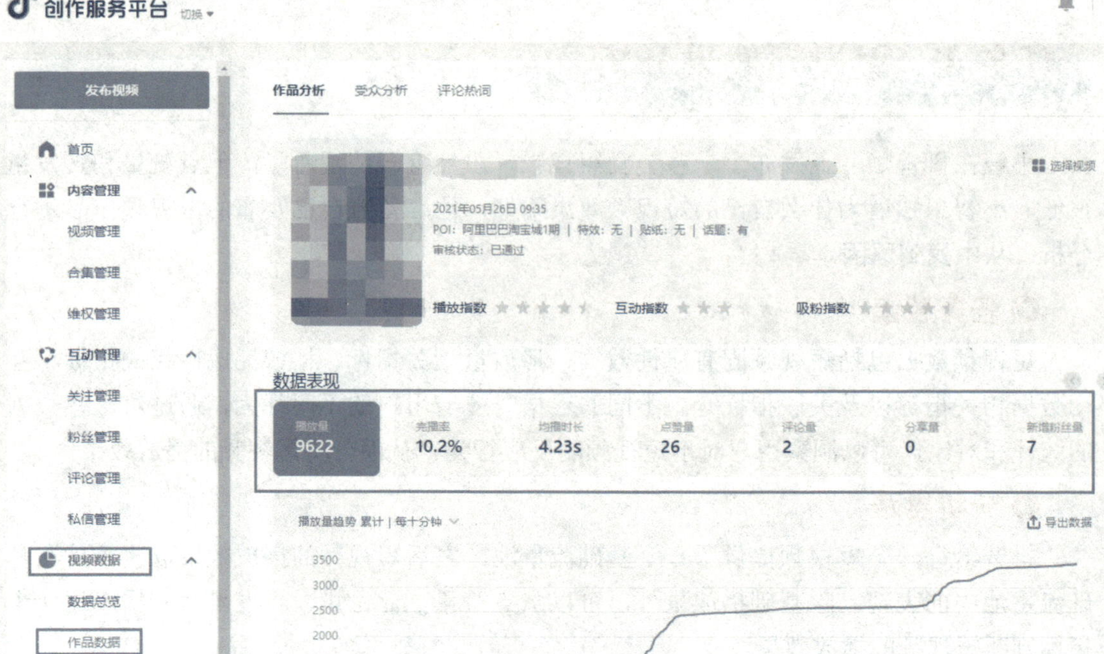

图 3-1

1. 播放量

短视频播放量可以从抖音创作服务平台的“视频数据”→“作品数据”处直接导出，数据间隔选择“每十分钟”，如图 3-2 所示。

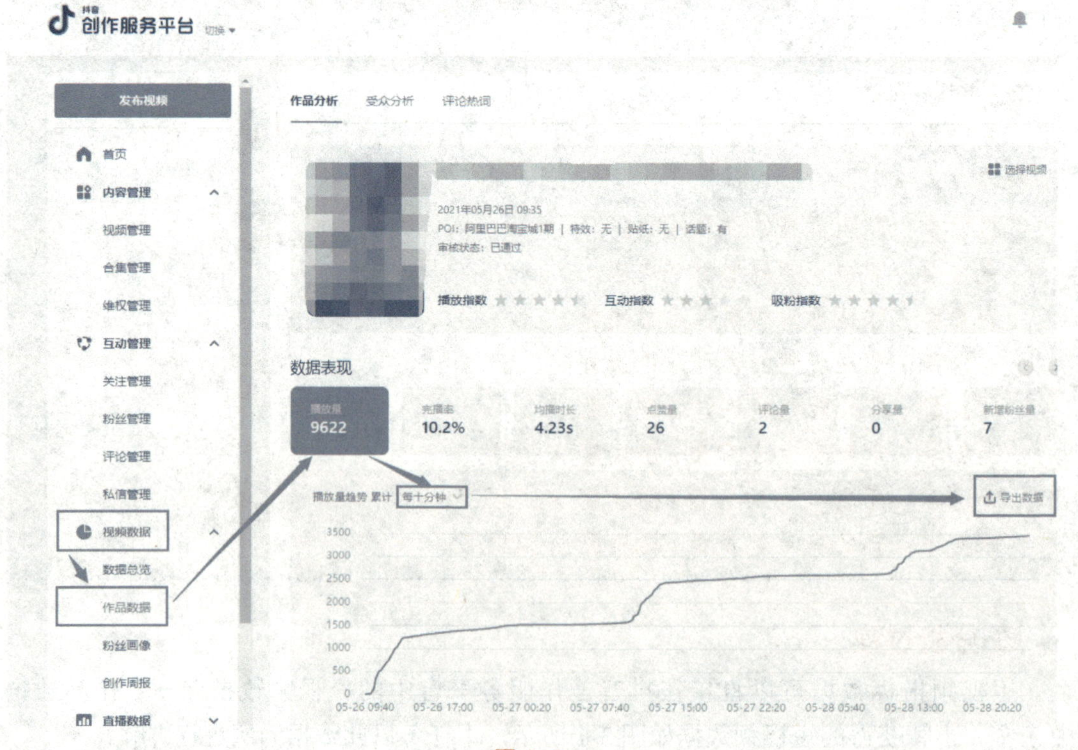

图 3-2

导出的数据表如图 3-3 所示（对应本书资料包中文件“3-1 播放量数据 .xlsx”）。打开文件，在“插入”选项卡中单击“插入折线图或面积图”按钮，在弹出的下拉列表中选择“折线图”，如图 3-4 所示，绘制播放量趋势图，如图 3-5 所示。

	A	B
1	时间	播放量
2	2021-05-26 09:40:00	1
3	2021-05-26 09:50:00	7
4	2021-05-26 10:00:00	14
5	2021-05-26 10:10:00	16
6	2021-05-26 10:20:00	70
7	2021-05-26 10:30:00	146
8	2021-05-26 10:40:00	349
9	2021-05-26 10:50:00	433
10	2021-05-26 11:00:00	509
11	2021-05-26 11:10:00	537
12	2021-05-26 11:20:00	593
13	2021-05-26 11:30:00	636
14	2021-05-26 11:40:00	696
15	2021-05-26 11:50:00	732
16	2021-05-26 12:00:00	797
17	2021-05-26 12:10:00	864
18	2021-05-26 12:20:00	934
19	2021-05-26 12:30:00	1001
20	2021-05-26 12:40:00	1031
21	2021-05-26 12:50:00	1095
22	2021-05-26 13:00:00	1151

图 3-3

图 3-4

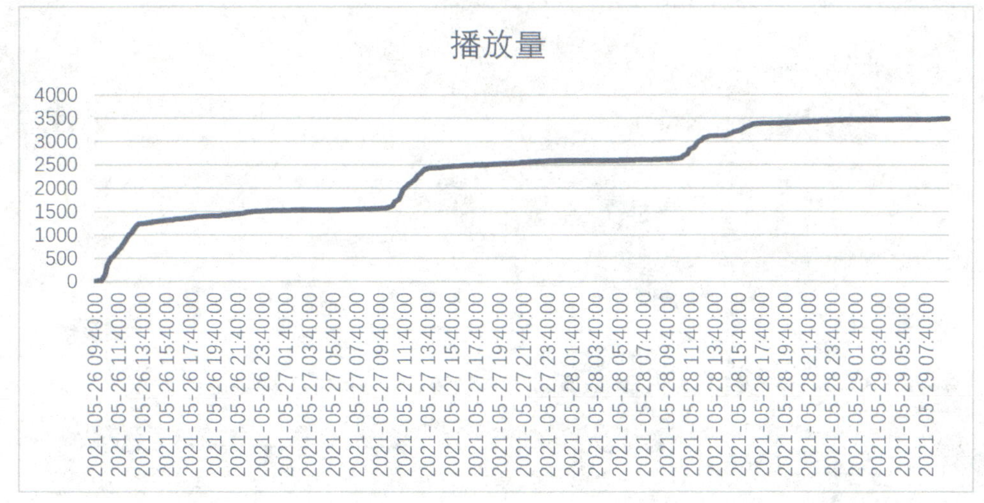

图 3-5

从图 3-5 可以看出，短视频发布后，共有三波流量进来，在部分折点设置数据标签，如图 3-6 所示。

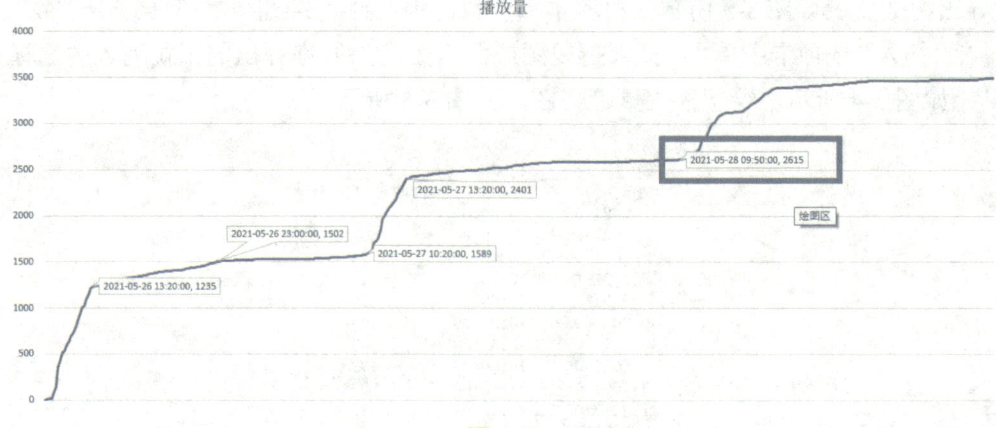

图 3–6

从抖音机制来说，所有发布的短视频系统都会分配 500 次左右的免费流量，即图 3-6 中第一波增长。系统会先将视频进行兴趣分类，将视频推送给经常观看这类视频的一部分人群，然后对这部分人群观看后的动作（完播、点赞、评论、转发）进行数据分析，再决定是否继续将短视频推荐给更多的人，接收到短视频的第一批人群的动作如果满足了系统的要求，系统将自动给予此短视频第二波流量，播放量就有了第二波增长。短视频发布两天之后播放量就没有明显变化了。但如果在 2021 年 5 月 28 日 9 点 50 分时，向短视频投入一部分付费流量，就会有第三波流量增长。刚投入付费流量时，播放量有明显增长，随着被投放流量的这部分人群不再触发抖音推流，播放量逐渐稳定。

2. 完播率

完播率是对一个短视频质量评价的重要指标，甚至超过了点赞率、评论率、转发率等指标，是判断短视频质量最优先考虑的数据。

短视频完播率数据可以从抖音创作服务平台中的“视频数据”→“作品数据”处导出，数据间隔选择“每十分钟”，如图 3-7 所示。

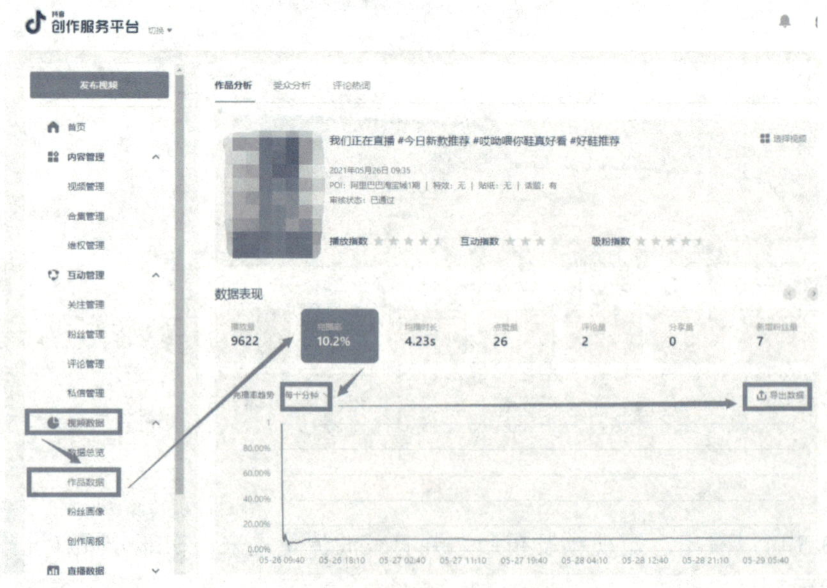

图 3–7

导出的数据表如图 3-8 所示（对应本书资料包中文件“3-1 完播率数据 .xlsx”）。打开文件，选中完播率列，单击鼠标右键，在弹出的快捷菜单中选择“设置单元格格式”，如图 3-9 所示；在“设置单元格格式”对话框中将“百分比”设置为保留两位小数，然后单击“确定”按钮，如图 3-10 所示。

时间	完播率
2021-05-26 09:40:00	1.0000
2021-05-26 09:50:00	0.1429
2021-05-26 10:00:00	0.0714
2021-05-26 10:10:00	0.1250
2021-05-26 10:20:00	0.0857
2021-05-26 10:30:00	0.0753
2021-05-26 10:40:00	0.0430
2021-05-26 10:50:00	0.0624
2021-05-26 11:00:00	0.0570
2021-05-26 11:10:00	0.0577
2021-05-26 11:20:00	0.0624
2021-05-26 11:30:00	0.0597
2021-05-26 11:40:00	0.0575
2021-05-26 11:50:00	0.0587
2021-05-26 12:00:00	0.0602
2021-05-26 12:10:00	0.0625
2021-05-26 12:20:00	0.0653
2021-05-26 12:30:00	0.0659
2021-05-26 12:40:00	0.0747
2021-05-26 12:50:00	0.0767
2021-05-26 13:00:00	0.0825
2021-05-26 13:10:00	0.0851
2021-05-26 13:20:00	0.0858
2021-05-26 13:30:00	0.0864

图 3-8

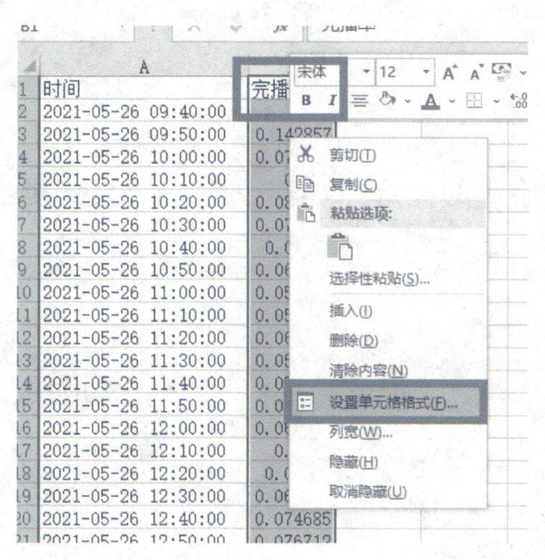

图 3-9

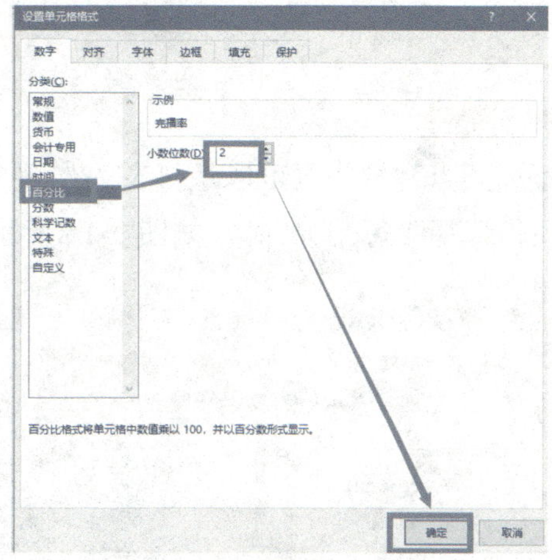

图 3-10

在“插入”选项卡中，单击“插入折线图或面积图”按钮，在弹出的下拉列表中选择“折线图”，如图 3-11 所示，绘制完播率趋势图，如图 3-12 所示。

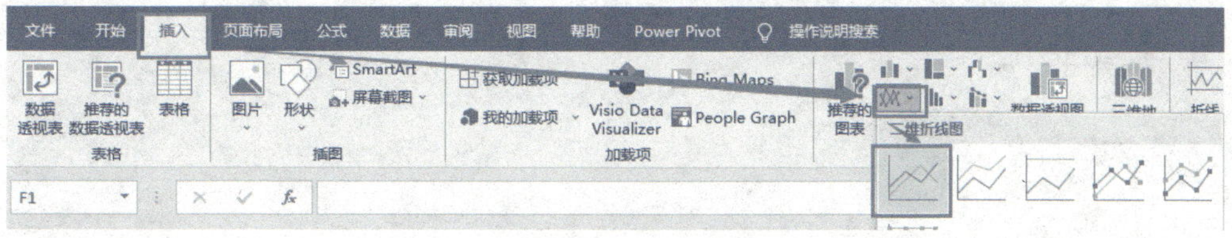

图 3-11

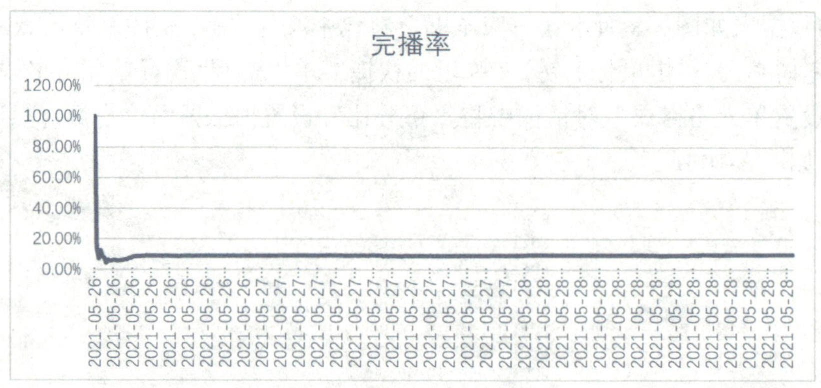

图 3–12

就抖音短视频平台来说，若完播率低于 10% 属于偏低，完播率为 10% ～ 30% 属于一般，完播率高于 30% 属于较好；均播时长在 3 秒以下属于较低，均播时长在 3 ～ 7 秒属于一般，均播时长在 7 ～ 15 秒属于较好，均播时长在 15 秒以上为非常好。从图 3-12 可以看出，该短视频完播率为 10.2%，属于一般。短视频的均播时长如图 3-13 所示，为 4.23 秒，也属于一般，从而可以推测短视频内容不够优质，视频内容中的亮点不足。

图 3–13

3. 点赞量

短视频点赞量数据可以从抖音创作服务平台中的“视频数据”→“作品数据”处导出，数据间隔选择“每十分钟”，如图 3-14 所示。

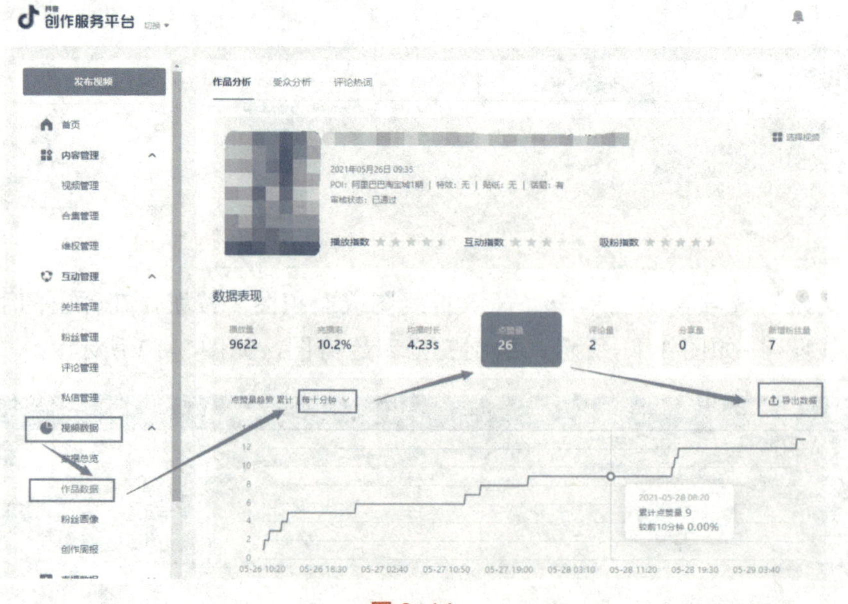

图 3–14

导出数据表（对应本书资料包中文件“3-1 点赞量数据 .xlsx”），打开文件如图 3-15 所示。在“插入”选项卡中，单击“插入折线图或面积图”按钮，在弹出的下拉列表中选择“折线图”，如图 3-16 所示，绘制点赞量趋势图，如图 3-17 所示。

时间	点赞量
2021-05-26 10:20:00	1
2021-05-26 10:30:00	1
2021-05-26 10:40:00	2
2021-05-26 10:50:00	2
2021-05-26 11:00:00	2
2021-05-26 11:10:00	2
2021-05-26 11:20:00	3
2021-05-26 11:30:00	3
2021-05-26 11:40:00	3
2021-05-26 11:50:00	3
2021-05-26 12:00:00	3
2021-05-26 12:10:00	3
2021-05-26 12:20:00	3
2021-05-26 12:30:00	3
2021-05-26 12:40:00	3
2021-05-26 12:50:00	3
2021-05-26 13:00:00	4
2021-05-26 13:10:00	4
2021-05-26 13:20:00	4
2021-05-26 13:30:00	4
2021-05-26 13:40:00	4
2021-05-26 13:50:00	5
2021-05-26 14:00:00	5
2021-05-26 14:10:00	5
2021-05-26 14:20:00	5
2021-05-26 14:30:00	5
2021-05-26 14:40:00	5

图 3-15

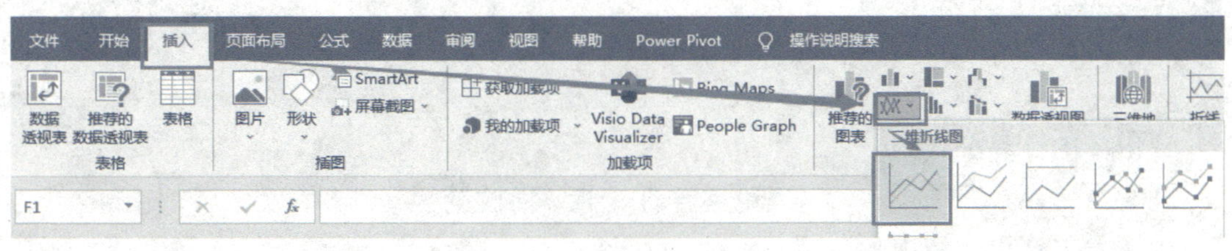

图 3-16

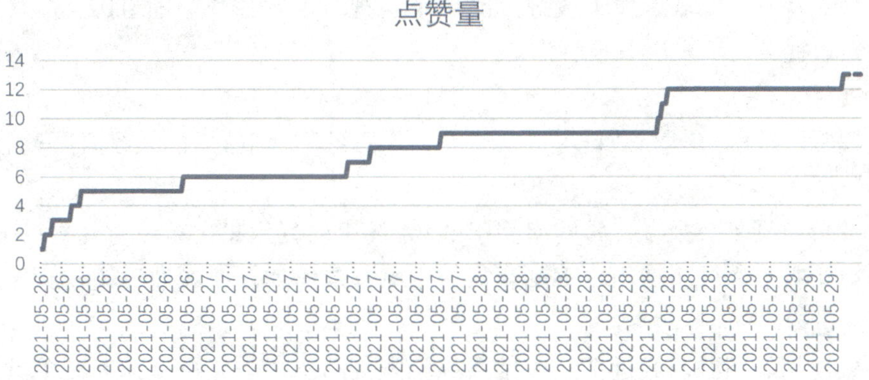

图 3-17

短视频点赞量数据如图 3-18 所示，根据“点赞率 = 点赞量 / 播放量”，计算出该短视频点赞率为 0.27%。

图 3-18

从图 3-17 可以看出，点赞量和播放量的整体趋势一致，在每一波流量进来时吸引了一部分人群，就抖音短视频平台来说，点赞率能够达到 3% ～ 5%，就算是一个非常优质的短视频作品了。对新账号而言，可以将点赞率达到 2% 设为标杆，如果视频点赞率达不到 2%，那么这个作品肯定是有问题的。图 3-18 中显示的短视频，其点赞率只有 0.27%，说明该短视频的质量偏低。

4. 评论率

短视频评论量数据可以从抖音创作服务平台中的“视频数据”→“作品数据”处查看，如图 3-19 所示。

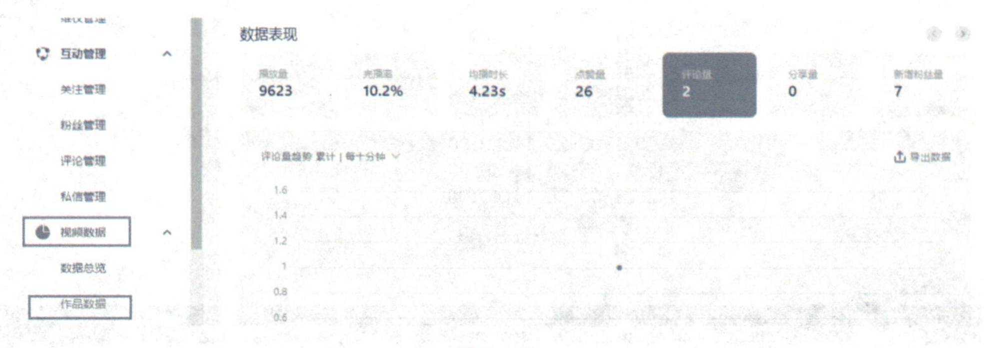

图 3-19

评论率的计算公式为：

评论率 = 评论量 / 播放量

由上式可算出该短视频的评论率约为 0.02%。

评论是用户被视频内容所吸引的表现，展现了用户的意见和态度，就抖音短视频平台来说，评论率在 1% 以上属于较好，而这个短视频的评论率只有 0.02%，寥寥无几的评论反映出短视频对用户没有吸引力。

5. 转发量

短视频转发量（分享量）数据可以从抖音创作服务平台中的“视频数据”→“作品数据”处查看，如图 3-20 所示。

就抖音短视频平台来说，转发率高于 0.5% 属于较好水平。若没有转发（分享），则表明此短视频吸引力较小，用户不愿意将短视频推荐给朋友或者通过短视频转发表达个人的观点或态度。

一条短视频好不好，通过上面数据指标就能判断出来，完播率和互动率是短视频质量评价的重要指标。点赞率、评论率、转发率这三个互动率指标越高意味着视频质量越好，系统也会给更多的推荐量。

本任务中的短视频点赞率 <2%、评论率 <1%、转发率 <1%，完播率一般，说明短视频质量不够吸引观众，要对短视频内容进行分析和优化。

图 3–20

◎ 任务实训

实训 3.1

类目：美妆。

背景：假设你是一名美妆爱好者，前不久新开了一个抖音账号进行美妆带货直播，平时也会发短视频进行引流收获粉丝。虽然有一些粉丝和收益，但是波动较大，所以准备对最近一次发布的短视频作品进行复盘分析。

目标：判断最近一次发布的短视频质量是否优质。

数据：练习数据 3.1。

要求：将作品完播率与互动率数据做成表格，判断短视频质量。要有具体指标数据值，要说明判断短视频质量好坏的理由。

任务 2　短视频脚本内容复盘与优化

小智在分析了短视频效果之后，发现自己发布的短视频不能很好地吸引用户进行互动、转发等行为，由此判定短视频内容的情节不好，于是他想对短视频内容进行复盘，并根据复盘结论进行优化。

注：由于数据限制，任务中的短视频分析对象是某个美食博主的作品。

◎ 任务解读

短视频的内容质量决定了短视频的播放效果。短视频内容复盘是短视频运营中日常要做的事情，基于任务 1 中对短视频完播率和互动率的分析，再结合短视频内容和抖音的推流机制进行复盘，总结出其中的规律并寻找不足，最后根据复盘结果对短视频内容进行优化，创作出更优质的作品。

◎ 分析思路

将任务 1 中短视频指标数据与短视频内容相结合，根据短视频内容对各项指标的影响情况，找到短视频内容的不足之处，并进行优化。

知识加油站

互动率：指互动次数占总播放量的比值，包含点赞率、评论率、转发率。

◎ 分析过程

1. 短视频脚本复盘

图 3-21 是小智整理的一个短视频作品的播放数据，可以看出，作品的完播率一般，互动率很低。

视频标题	播放量	点赞数	评论数	转发数	完播率	播出时间
好久没做烤土豆了，今天晚上做了个脆皮烤土豆	9610	26	2	0	10.20%	3

图 3-21

作品主题是制作脆皮烤土豆，视频内容是切土豆、煮土豆、撒调料、烤土豆等一系列烹饪过程，制作过程与底部的字幕同步呈现。图 3-22 为短视频作品入口。

图 3-22

观看视频可以发现，视频清晰度较高，全程只有制作时物品碰撞发出的声音，没有其他声音，这很容易让观众的心情进入放松的状态。双语字幕也是视频亮点。但由于视频剪辑过于简洁，观众还没将内容完全看完就切入了下一个画面，导致视觉效果不理想，这是视频的缺点。

从图 3-23 中可以看出，在这个短视频作品的评论区中，有观众提出了相应问题——在没有完整制作过程描述的情况下，画面和字幕切换太快。观众可能需要多次观看视频才能记录里面的内容，容易失去观看的欲望而中途退出。这就会导致视频的完播率、互动率下降，甚至还会导致潜在粉丝流失。根据图中作者对评论内容的回复可以看出，作者并没有很好地认识到视频存在的问题，也没有很好地解决这些问题。但不能否认，作品本身的确吸引了一部分用户。

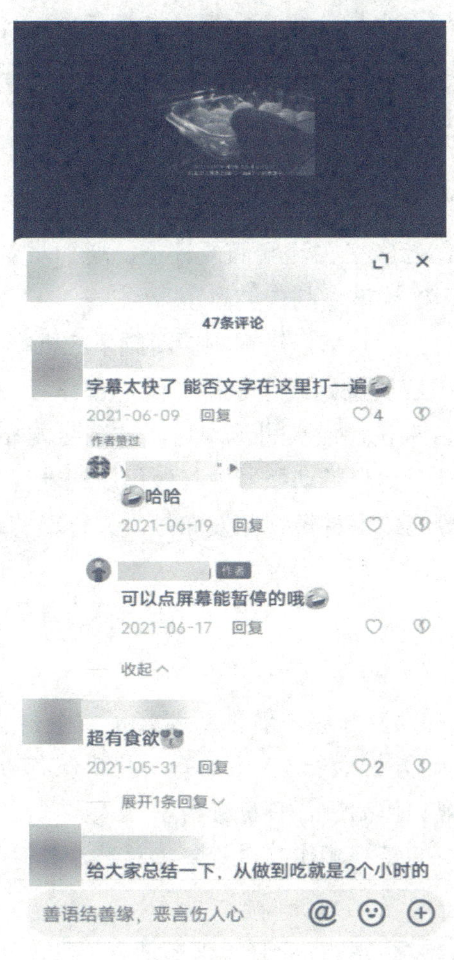

图 3- 23

作者如果想要获得更多的观看量，提升短视频的完播率等数据，就需要思考一个问题——如何在抖音平台中提升账号权重，获取更多流量。

从抖音平台的推流机制进行分析如下：

第一，账号权重算法是抖音推荐机制之一，账号目前作品少，如图 3-24 所示，账号隐藏的推荐权重分值低。

第二，短视频的互动率太低，有互动才能引起观众的共鸣，观众看完之后才会做出点赞、评论、转发等动作，从而满足系统的推荐规则，获取免费流量。

基础分析

图 3-24

2. 短视频优化

针对上面的复盘分析，该短视频可从以下几个方面进行优化。

（1）从高播放量短视频中寻找优质素材。在不考虑付费流量投入的情况下，短视频内容的好坏决定系统会分配多少免费流量。播放量是反映短视频好坏最直观的数据，视频的播放量意味着内容的曝光度，可以通过分析播放量高的短视频，找出其中规律，分析短视频的选材内容、短视频的标题关键词、用户的关注点，从这些方面优化自己的短视频内容。

（2）从互动评论中优化作品质量。视频标题和内容可巧妙设计，多留悬念、反转，引导用户点赞和评论，创作者应多关注和回复评论，增加与观众的互动，在互动过程中可以重点关注观众的需求，根据需求制作创意短视频。

（3）保持短视频内容的更新频率。短视频更新频率应维持在每周 2 ～ 3 条或者以上，如果能保持日更更好。但内容质量始终是最重要的，创作者应从自身条件出发，发布适合账号的内容。就抖音平台来说，潜在引流与自媒体账号发布的作品有关，如果后期自媒体账号出现爆款作品，抖音则会带动账号中其他优质的老视频，从而实现短视频引流。

总的来说，自媒体账号应该保持短视频发布频次，打造有趣又具创意的作品。

◎ 任务实训

实训 3.2

类目：美妆。

背景：假设你是一名美妆爱好者，前不久新开了一个抖音账号进行美妆带货直播，平时也会发短视频进行引流收获新粉丝。虽然有一些粉丝和收益，但是波动较大，所以准备对最近一次发布的短视频作品进行复盘分析。

目标：对最近一次发布的短视频作品进行复盘总结，并进行优化。

数据：练习数据 3.2。

要求：用 Word 制作一份分析报告，要有短视频播放数据汇总表格，说明作品复盘情况，并给出优化建议。

任务 3　爆款短视频特征分析

小智对短视频内容进行了复盘分析并做出了一些优化，但是他无法确定此次优化是否有效，于是想去分析一下目前抖音中的一些爆款短视频，找出这些视频的共同特征，给自己视频内容的优化提供更科学的依据。

◎ 任务解读

抖音的用户量在 8 亿左右，如此巨大的用户量意味着短视频的数量也是十分庞大的，能成为爆款的短视频始终是少数。短视频创作者可以从爆款短视频的人设、内容、情感、传播价值 4 个维度进行分析，挖掘爆款短视频的共同特征。

◎ 分析思路

从人设、内容、情感、传播价值四个维度对爆款短视频进行分析。

◎ 分析过程

1. 人设

人设是指在短视频中出镜人物的设定。鲜明的人设会吸引用户的注意力，让用户记住。以某美食达人为例，图 3-25 是从第三方平台蝉妈妈查寻的达人账号数据。这个达人的标签为“每天搜遍全网零食，每款产品都亲自试吃，只为找到又好吃又便宜的美食”。这是他的标签，也是他的人设。

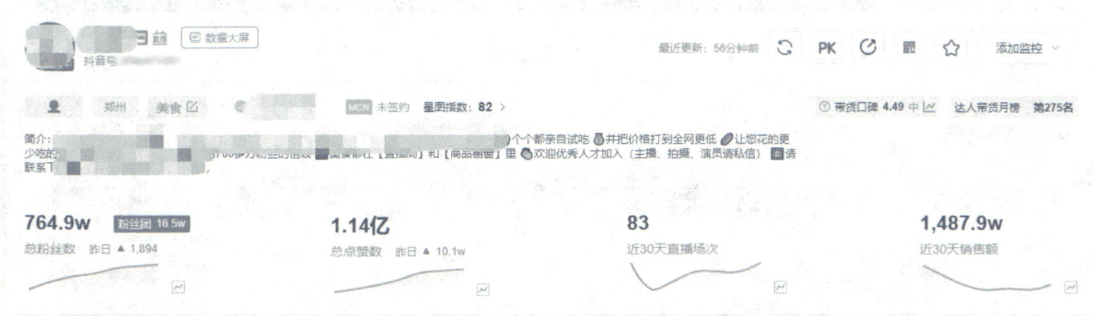

图 3- 25

有了人设这个“点”，短视频的内容就应该围绕这个点来创作，让用户注意到这个点，进而从众多短视频中脱颖而出。

2. 内容

内容要精简中的“精”可以理解为短视频内容制作质量和创意。以某美食达人为例，其账号中的短视频作品与其他直接通过一边吃一边讲解的作品不同，该账号中的短视频多是以剧情展开，通过剧情穿插商品从而实现带货，如图 3-26 所示。账号中短视频的背景音乐常选用悬疑风格，内容也多为悬疑剧情，大多数的结局还会有反转，一步步吸引粉丝观看。

内容精简中的“简”是指短视频的时长，利用蝉妈妈后台一周（2021/6/2 ～ 2021/6/8）内的带货短视频数据找出热门短视频，筛选出“零食食品”品类的短视频相关作品数据，如图 3-27 所示。

点击进入短视频，可以看到各短视频的时长，如图 3-28 所示，这就是我们要分析的数据。

图 3–26

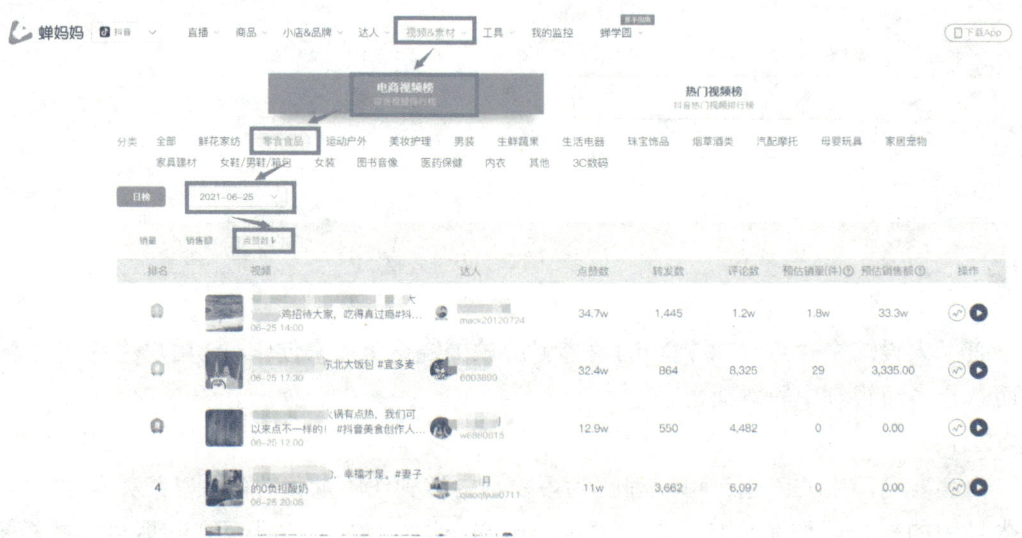

图 3–27

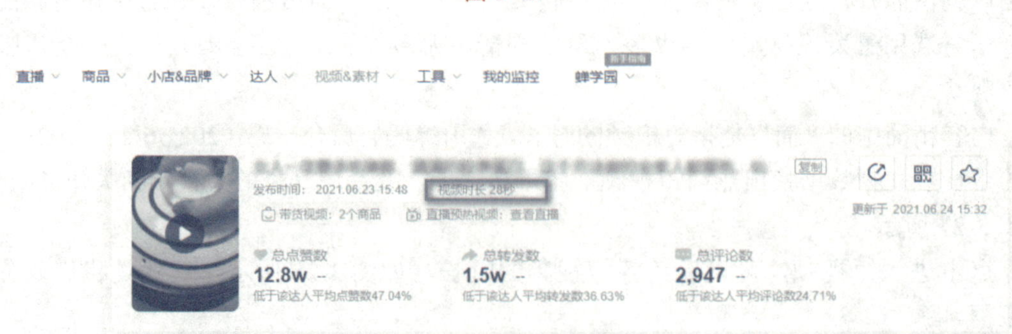

图 3–28

从婵妈妈后台采集一周（2021/6/2 ～ 2021/6/8）内的短视频视频时长数据，并剔除空值，最终数据表如图 3-29 所示（对应本书资料包中文件“3-3 时长数据 .xlsx”）。

	A	B	C	D	E	F	G
1	视频标题	作者ID	昵称	视频时长	一级类目	二级类目	发布日期
2		89923470088	韩小浪	47.114秒	零食食品	休闲零食	2021-06-02
3		3513656416941560	混血王子卢卡斯	49.459秒	零食食品	粮油速食	2021-06-02
4		54196161463	熙妈✪好物分享	10.982秒	零食食品	休闲零食	2021-06-02
5		95620499746	重庆波儿哥　勒果食品	14.699秒	零食食品	休闲零食	2021-06-02
6		12795765598419	泡芙欧尼	17.251秒	零食食品	休闲零食	2021-06-02
7		2194250857725176	侯美丽的家乡美食	58.862秒	零食食品	休闲零食	2021-06-02
8		96616276559	胡仔一人食	18.064秒	零食食品	乳品冲饮	2021-06-02
9		77709538713	伟伟	23.614秒	零食食品	乳品冲饮	2021-06-02
10		1371802957779837	晴天の食	14.882秒	零食食品	休闲零食	2021-06-02
11		1151914188482424	潼关馍特酥食品有限公	15.812秒	零食食品	粮油速食	2021-06-02
12		62512577262	秃顶吴彦祖	42.967秒	零食食品	休闲零食	2021-06-02
13		105262120232	成记美食	14.034秒	零食食品	粮油速食	2021-06-02
14		104761982553	小花妞	24.543秒	零食食品	休闲零食	2021-06-02
15		105861941857	小琳美食	58.138秒	零食食品	休闲零食	2021-06-02
16		2194250857725176	侯美丽的家乡美食	59.167秒	零食食品	休闲零食	2021-06-02
17		1604931441665864	宇宙妍妍	58.978秒	零食食品	乳品冲饮	2021-06-02
18		85093387840	佛山市南海区桂城足	155.3秒	零食食品	乳品冲饮	2021-06-02
19		101346307180	涵瑶V涵璐	10.867秒	零食食品	粮油速食	2021-06-02
20		68644184677	东北划拉哥他老妹儿	202.616秒	零食食品	粮油速食	2021-06-02
21		1930388954691101	小月亮爱美食	17.167秒	零食食品	粮油速食	2021-06-02
22		62222899101	天津话·嘟嘟嘟	221.285秒	零食食品	粮油速食	2021-06-02
23		566995773818103	康哥康妹花果茶	137.734秒	零食食品	茶叶	2021-06-02
24		97823930561	安东尼大叔	85.431秒	零食食品	休闲零食	2021-06-02
25		85168909949	大表姐	22.8秒	零食食品	休闲零食	2021-06-02
26		105305263513	万疆果业	23.638秒	零食食品	粮油速食	2021-06-02
27		18021480399133	故里食品	9.682秒	零食食品	休闲零食	2021-06-02
28		786842723560907	嫂子百货商行分享掉	13.304秒	零食食品	乳品冲饮	2021-06-02
29		77367764034	小红妹	34.55秒	零食食品	粮油速食	2021-06-02
30		64262049774	阿蔡美食雕刻	30.8秒	零食食品	粮油速食	2021-06-02
31		58634359034	小黄豆妈美食	218.634秒	零食食品	粮油速食	2021-06-02
32		92557981559	村姑手工美食	10.657秒	零食食品	休闲零食	2021-06-02

图 3-29

选中“视频时长”列，在“开始”选项卡中单击“查找和选择”按钮，在弹出的下拉列表中选择“替换”，如图 3-30 所示；在弹出的“查找和替换”对话框中单击“替换”选项卡，在“查找内容”文本框中输入“秒”，单击“全部替换”按钮，然后关闭对话框，如图 3-31 所示，完成替换；将列名修改为“视频时长（秒）”，如图 3-32 所示。

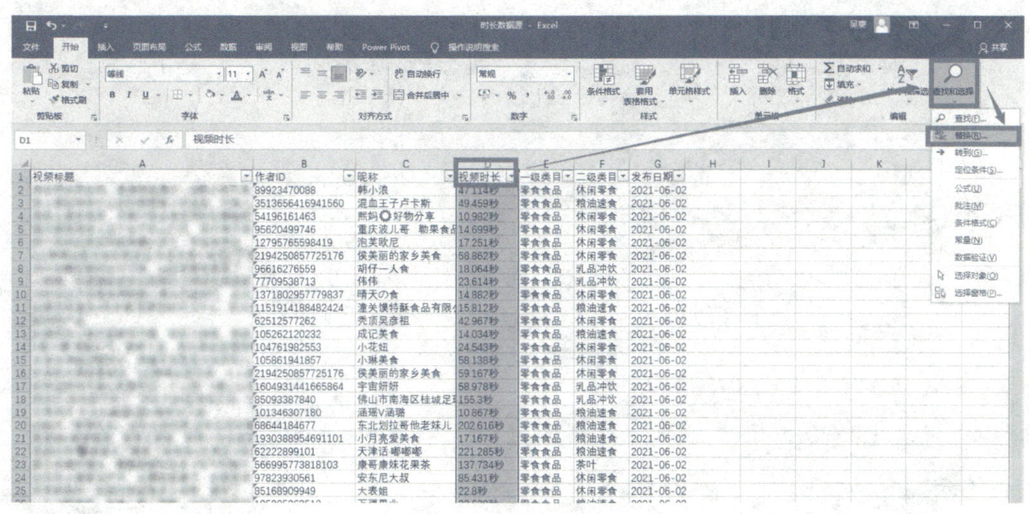

图 3-30

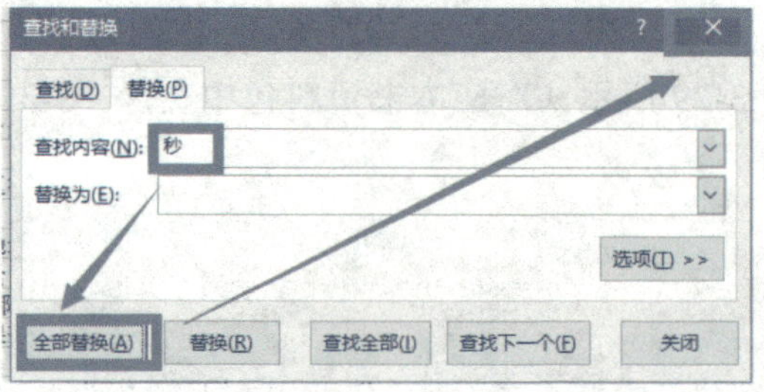

图 3–31

	A	B	C	D	E	F	G
1	视频标题	作者ID	昵称	视频时长（秒）	一级类目	二级类目	发布日期
2		89923470088	韩小浪	47.114	零食食品	休闲零食	2021-06-02
3		3513656416941560	混血王子卢卡斯	49.459	零食食品	粮油速食	2021-06-02
4		54196161463	熙妈〇好物分享	10.982	零食食品	休闲零食	2021-06-02
5		95620499746	重庆波儿哥 勒果食品	14.699	零食食品	休闲零食	2021-06-02
6		12795765598419	泡芙欧尼	17.251	零食食品	休闲零食	2021-06-02
7		2194250857725176	侯美丽的家乡美食	58.862	零食食品	休闲零食	2021-06-02
8		96616276559	胡仔一人食	18.064	零食食品	乳品冲饮	2021-06-02
9		77709538713	伟伟	23.614	零食食品	乳品冲饮	2021-06-02
10		1371802957779837	晴天の食	14.882	零食食品	休闲零食	2021-06-02
11		1151914188482424	潼关馍特酥食品有限公	15.812	零食食品	粮油速食	2021-06-02
12		62512577262	秃顶吴彦祖	42.967	零食食品	休闲零食	2021-06-02
13		105262120232	成记美食	14.034	零食食品	粮油速食	2021-06-02
14		104761982553	小花妞	24.543	零食食品	休闲零食	2021-06-02
15		105861941857	小琳美食	58.138	零食食品	休闲零食	2021-06-02
16		2194250857725176	侯美丽的家乡美食	59.167	零食食品	休闲零食	2021-06-02
17		1604931441665864	宇宙妍妍	58.978	零食食品	乳品冲饮	2021-06-02
18		85093387840	佛山市南海区桂城足王	155.3	零食食品	乳品冲饮	2021-06-02
19		101346307180	涵瑶V涵璐	10.867	零食食品	粮油速食	2021-06-02
20		68644184677	东北划拉哥他老妹儿	202.616	零食食品	粮油速食	2021-06-02
21		1930388954691101	小月亮爱美食	17.167	零食食品	粮油速食	2021-06-02
22		62222899101	天津话·嘟嘟嘟	221.285	零食食品	粮油速食	2021-06-02
23		566995773818103	康哥康妹花果茶	137.734	零食食品	茶叶	2021-06-02
24		97823930561	安东尼大叔	85.431	零食食品	休闲零食	2021-06-02
25		85168909949	大表姐	22.8	零食食品	休闲零食	2021-06-02
26		105305263513	万疆果业	23.638	零食食品	粮油速食	2021-06-02
27		18021480399133	故里食品	9.682	零食食品	休闲零食	2021-06-02
28		786842723560907	嫂子百货商行分享掉和	13.304	零食食品	乳品冲饮	2021-06-02
29		77367764034	小红妹	34.55	零食食品	粮油速食	2021-06-02
30		64262049774	阿蔡美食雕刻	30.8	零食食品	粮油速食	2021-06-02
31		58634359034	小黄豆妈美食	218.634	零食食品	粮油速食	2021-06-02
32		92557981559	村姑手工美食	10.657	零食食品	休闲零食	2021-06-02
33		96470658257	小嘴哥搞笑	34.159	零食食品	粮油速食	2021-06-02

图 3– 32

选中数据区域中的任意单元格，在“插入”选项卡中单击“数据透视表”，如图 3-33 所示，在弹出的“创建数据透视表”对话框中直接单击“确定”按钮。

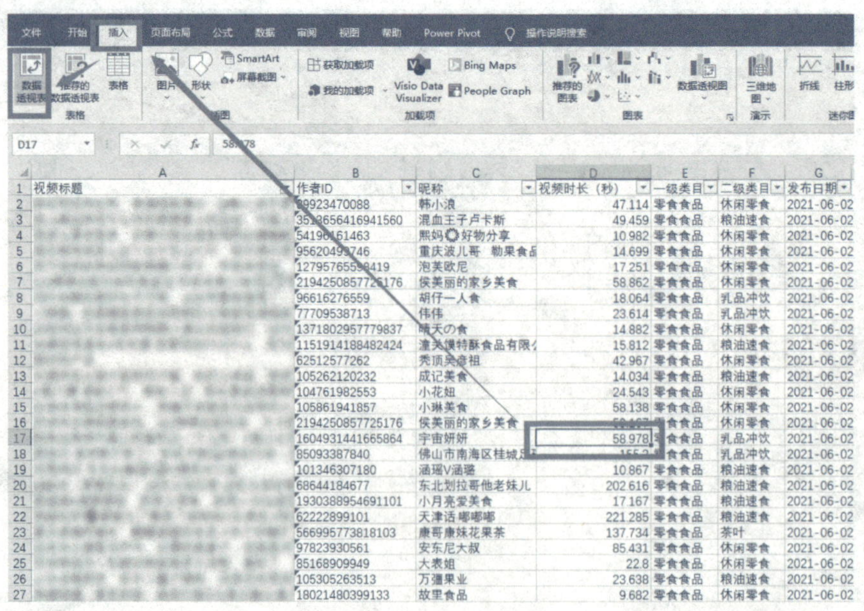

图 3–33

在“数据透视表字段”窗格中，将“视频时长（秒）”字段分别拖至“行”区域和“值”区域，如图 3-34 所示，并将“值字段设置”中的“值汇总方式”的“计算类型”设置为“计数”，如图 3-35 和图 3-36 所示。

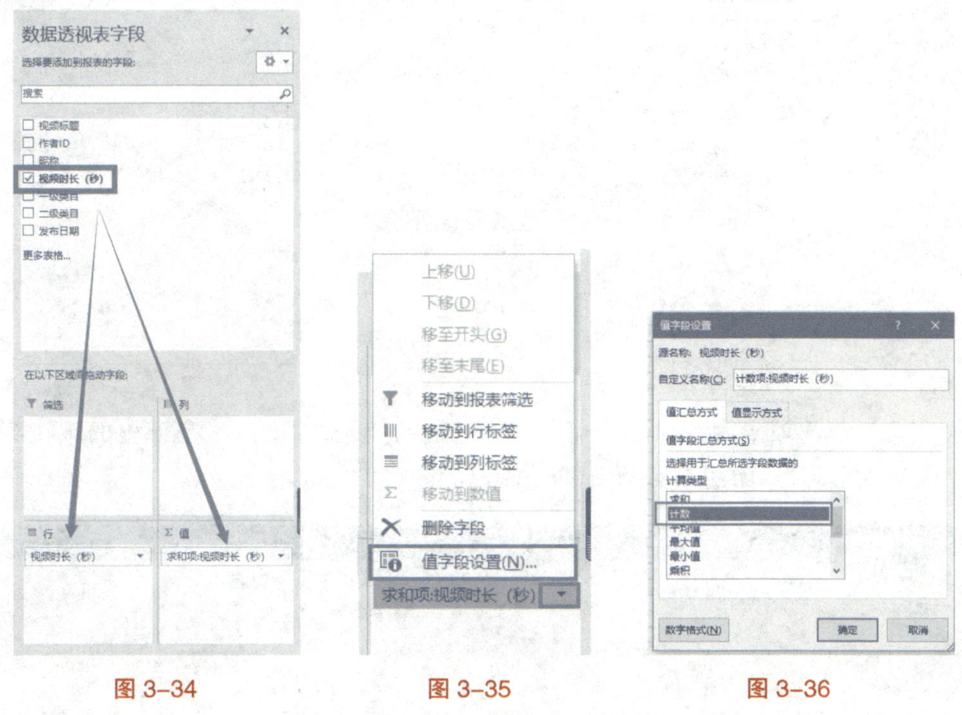

图 3-34　　图 3-35　　图 3-36

选中“行标签”中任意单元格，单击鼠标右键，在弹出的快捷菜单中选择“组合”，如图 3-37 所示；在弹出的“组合”对话框中，将起始值设为 0，终止值设为 180，步长设为 10，然后单击“确定”按钮，如图 3-38 所示；将“行标签”重命名为“视频时长段”，将列标签设置为“视频时长（秒）”，最终结果如图 3-39 所示。

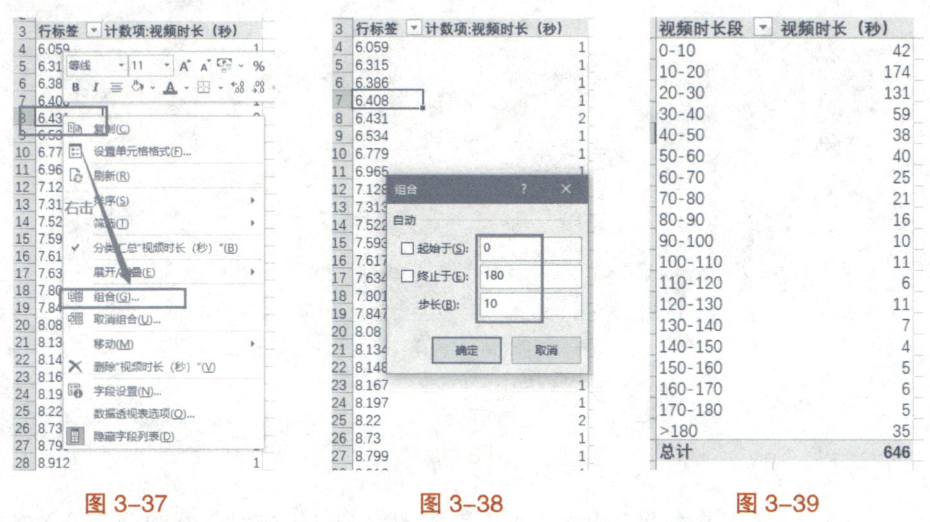

视频时长段	视频时长（秒）
0-10	42
10-20	174
20-30	131
30-40	59
40-50	38
50-60	40
60-70	25
70-80	21
80-90	16
90-100	10
100-110	11
110-120	6
120-130	11
130-140	7
140-150	4
150-160	5
160-170	6
170-180	5
>180	35
总计	646

图 3-37　　图 3-38　　图 3-39

选中列标签中任意单元格，单击鼠标右键，在弹出的快捷菜单中选择“值显示方式”→“总计的百分比”，如图 3-40 所示，最终结果如图 3-41 所示。

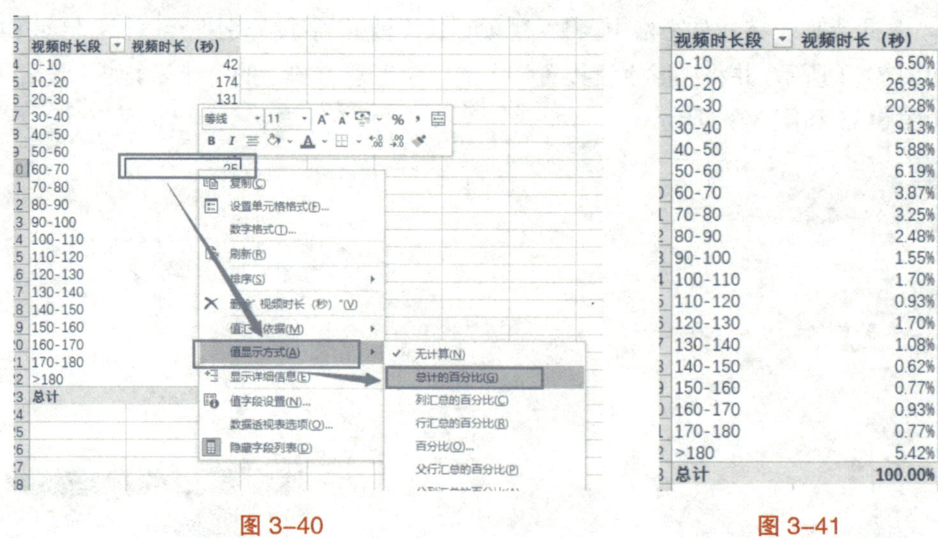

视频时长段	视频时长（秒）
0-10	6.50%
10-20	26.93%
20-30	20.28%
30-40	9.13%
40-50	5.88%
50-60	6.19%
60-70	3.87%
70-80	3.25%
80-90	2.48%
90-100	1.55%
100-110	1.70%
110-120	0.93%
120-130	1.70%
130-140	1.08%
140-150	0.62%
150-160	0.77%
160-170	0.93%
170-180	0.77%
>180	5.42%
总计	100.00%

图 3-40　　图 3-41

在“插入”选项卡中，单击“插入柱形图或条形图”按钮，在弹出的下拉列表中选择“簇状柱形图”，如图 3-42 所示，绘制出的图形如图 3-43 所示。

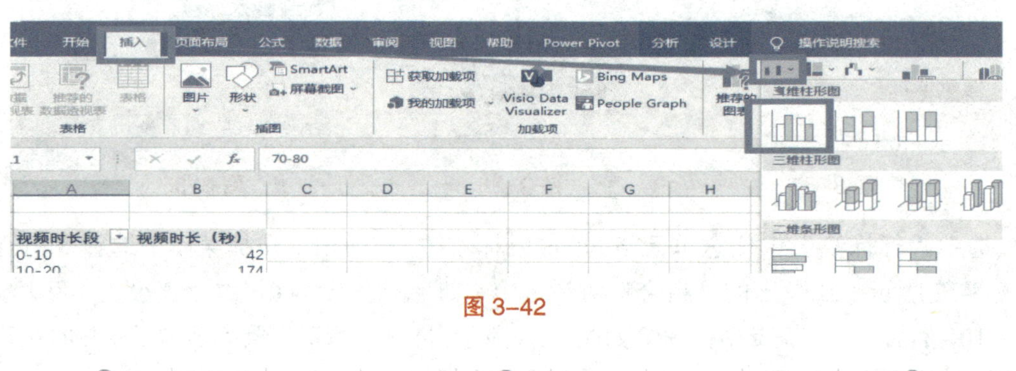

图 3-42

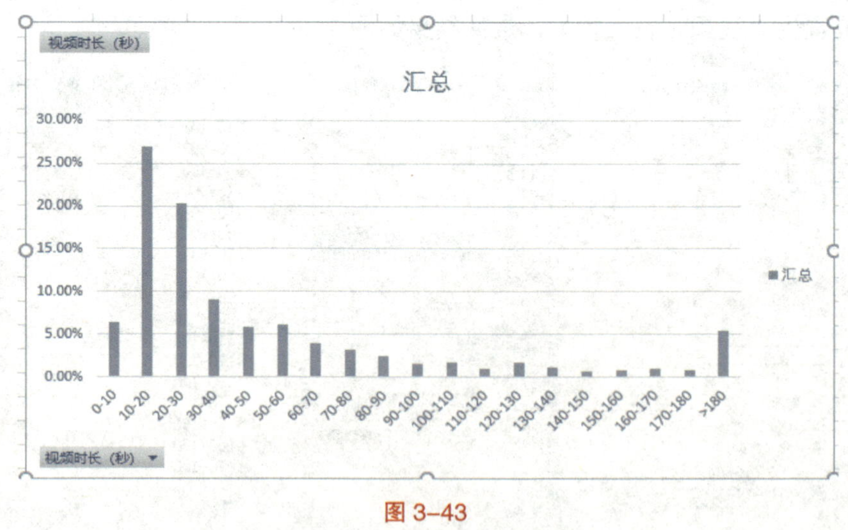

图 3-43

单击“ ”按钮，在弹出的“图表元素”列表中取消“坐标轴”中的“主要纵坐标轴”，取消“网格线”和“图例”，添加“数据标签”，如图 3-44 所示，将图表标题修改为“视频时长占比”，结果如图 3-45 所示。

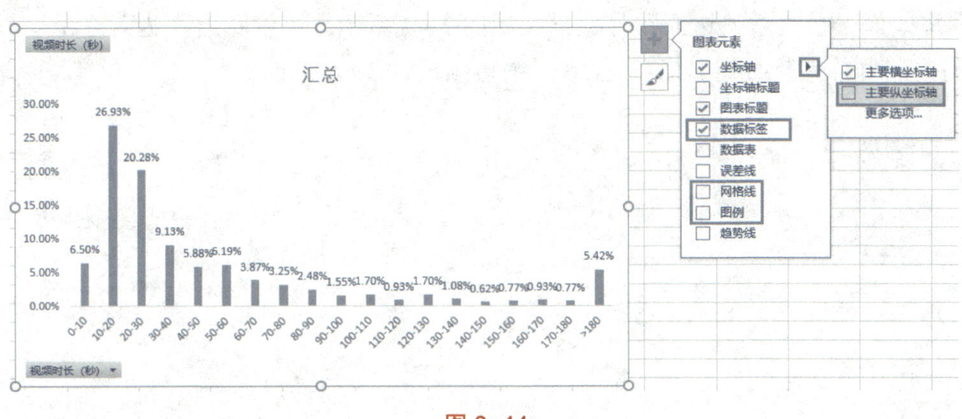

图 3-44

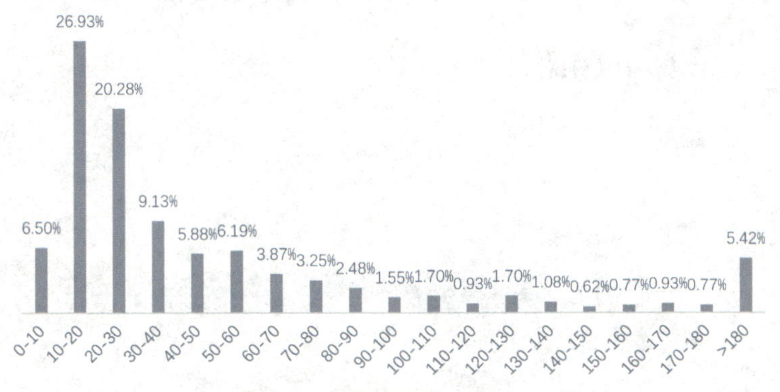

图 3-45

从图 3-45 中可以看出，“零食食品”类短视频的视频时长多集中在 1 分钟以内，以 10 ～ 30 秒的居多。

根据美食带货达人排行榜（以粉丝总量排序），结合视频时长数据最终决定以某美食达人（带货榜第五名的达人）为例，如图 3-46 所示。

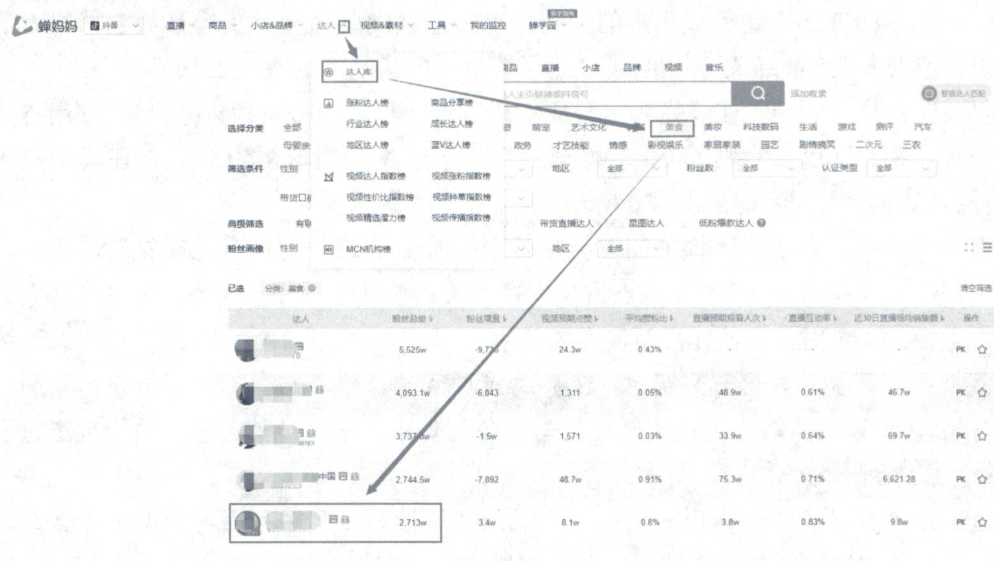

图 3-46

在蝉妈妈平台查看该达人账号数据，如图 3-47 所示。可以看出，达人总粉丝数超过 2700 万，账号总点赞数超 2 亿，近 30 天销售额超过 300 万元。

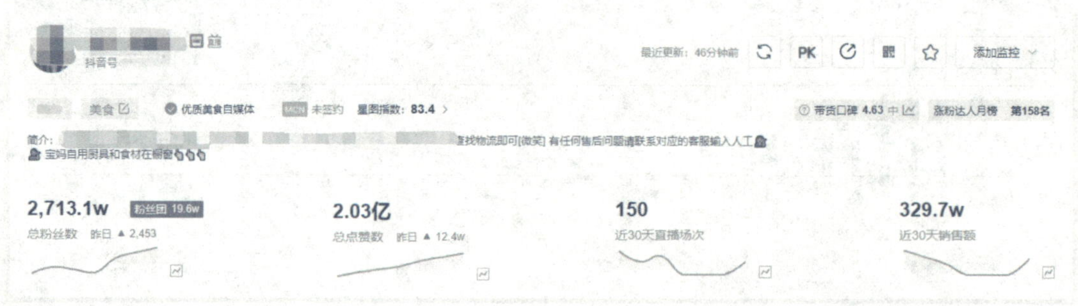

图 3-47

该达人账号中短视频作品的时长多集中在 15~30 秒，如图 3-48 所示。

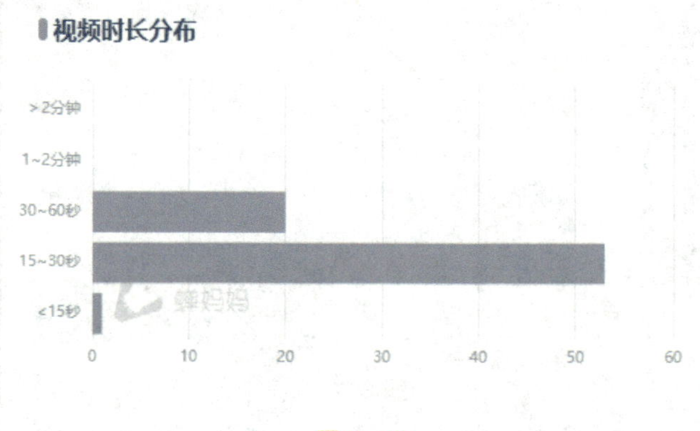

图 3-48

综上，所谓内容精简，就是在保证视频质量的前提下，浓缩视频内容，让自己的视频尽量简短，避免视频过长引起观众反感，进而取消观看。

3. 情感

短视频中的情感要能引起用户的共鸣。有情感共鸣的短视频更容易唤起消费者的消费需求，消费者购买商品更多的时候是为了感情上的满足和心理上的认同。

以某美食达人为例，在蝉妈妈后台搜索该达人，然后单击“视频分析”，利用蝉妈妈平台数据，根据 30 天点赞数将其短视频进行降序排序，如图 3-49 所示。在其中找到点赞量最高的一个短视频，如图 3-50 所示。

这个短视频的标题为“你的朋友会在付账的时候故意装作没听见吗？”这个标题引人思考，该短视频获得了超 13 万点击量。短视频内容为：A（主人公）和 B（主人公朋友）去吃饭，买单时，B 装作没听到且暗示服务员让 A 买单，A 意识到了 B 不想买单就问 B 还要不要再加菜，自己来买单。B 听说 A 要买单，毫不客气地点了五份热干面（带货的商品），A 以去买单为理由离开座位与服务员耳语了一番，然后服务员径直走过来请 B 买单，B 感到十分吃惊。

这个短视频最后的反转形式增强了作品的戏剧性，A 到底和服务员说了什么？短视频将观众带入剧情，引起观众的好奇心，所以获得了高点击量。

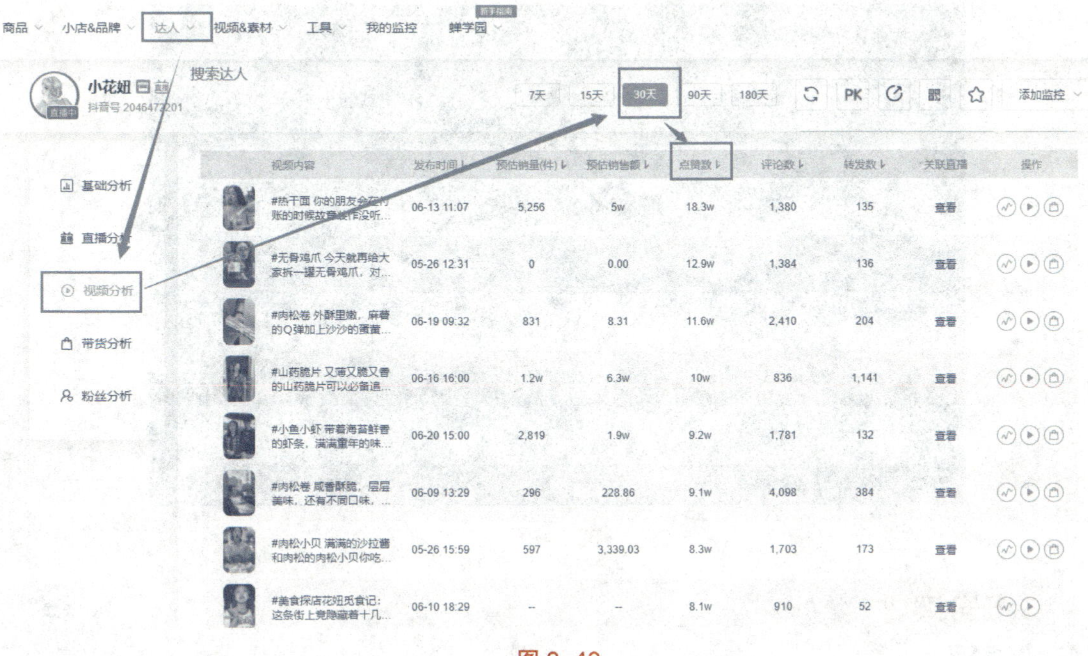

图 3–49

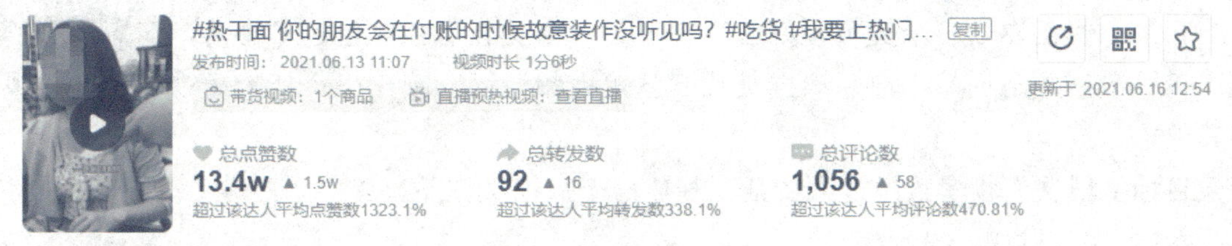

图 3–50

4. 传播价值

做短视频最重要的就是向观众传递价值，只有观众看完短视频的内容觉得对自己有用，才会关注账号，成为粉丝。所以在创作短视频内容的时候也要遵循这个原则，无论是什么品类，只要是实用性强的干货知识，都能让用户获取价值，吸引用户关注。

小花妞是抖音平台知名的零食主播，账号粉丝超过 900 万人，上架商品近 300 件，相继带火了冻干草莓、紫米面包、无骨鸡爪等多款商品。2021 年 4 月 8 日，A 凭借在抖音食品领域 GMV No.1 的影响力，在“2021 抖音电商生态大会”上获得了“2020 美好新星”的荣誉，如图 3-51 所示。

“吃零食，找花妞”，该主播以“让更多人吃到好吃美味的零食”为发展动力，以均价 13.37 元的价格让粉丝找到符合其个人需求和兴趣的零食好物，并且帮助了很多企业实现了单品的零启动，持续带动了企业的销售增长，推动了行业经济的发展。

综合来看，将爆款短视频特征用到短视频的制作当中，一步步对短视频引流效果进行复盘和优化，每个人都能创作出优质的短视频作品。

图 3-51

◎ 任务实训

实训 3.3

类目：类目不限。

背景：假设你是一个美妆爱好者，在抖音分享美妆短视频已近 1 个月，但短视频的点击量等数据并不理想。你想根据美妆爆款短视频特征，制作一个新的短视频作品并观察其效果。

目标：根据美妆爆款短视频特征，制作一个短视频作品。

数据：练习数据 3.3。

要求：制作一个短视频作品，要求其时长符合美妆品类短视频最多时长段，内容要力争优质，并在抖音平台上发布作品。

项目 4 直播要素分析

决定一场直播的因素很多，除了前期的规划与安排，还需要注意直播间现场的布局，直播间里的现场操作也相当重要，因为直播电商是交互性极强的带货形式，主播需要根据直播的实时情况随机应变，及时调整话术，引导直播间的节奏。

学习目标

✓ 掌握直播间的布置

✓ 掌握直播间灯光的排布

✓ 掌握直播话术

项目导图

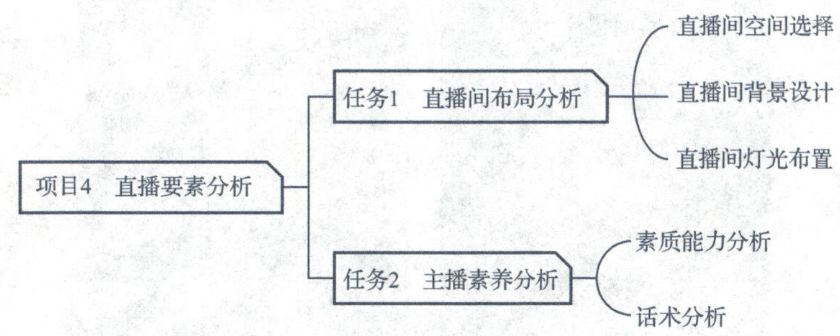

任务 1 直播间布局分析

◎ 任务解读

直播间的布局是观众对某场直播的第一印象，在很大程度上影响着直播间的转化率，没有人喜欢脏乱差的直播间。这一重要因素却往往被一些新主播忽略，一片雪白的背景，邋邋遢遢的装饰，照出阴阳脸的灯光，等等。所以，直播间布局的分析是每个直播运营人员的必修课。

◎ 分析思路

直播间布局的影响因素主要有三个方面：直播间空间的选择、直播间背景的设计、直播间灯光的布置。

◎ 分析过程

1. 直播间空间的选择

直播间的空间选择需要依据每个主播不同的需求来确定。如果是个人直播，那么对空间大小的要求不是特别高，一般 8 ～ 15 平方米的场地就可以；如果是团队直播，则需要综合考虑团队的人数、设备的多少等因素，所需的场地也会不同，一般在 20 ～ 40 平方米。当然，还有一些主播将场地直接搬到户外或者生产场地，那么所产生的需求也会有所不同，这里就不一一赘述了。

2. 直播间背景的设计

确定直播间的空间后，下一步就是直播背景的设计。直播间的布局种类繁多，一般依据直播的风格和需求进行搭配，有时还要考虑平台的活动等因素。直播间背景可分成两大类，广告背景和店铺背景，无论哪种，都应以简洁、大方、明亮为原则进行打造，杂乱的背景容易使人产生反感。

若选择广告背景，一般直接设置商品介绍或者品牌介绍，上面清晰地写明品牌、商品简介，如有必要，还可加上当天直播间的特色，例如差异化的价格和服务等，以便迅速吸引观者驻足。

许多主播使用 LED 显示屏作为背景，如图 4-1 所示，通过电脑连接屏幕，可以实时调整屏幕内容，播放相应宣传视频，可变性强。其缺点是设备成本昂贵，对现场场助有一定的专业要求。

图 4–1

有一些主播，因经费、成本、场地等原因，对 LED 屏的需求较低，他们会选用广告或纯色壁纸作为背景，用以简化操作或突出品牌宣传，如图 4-2 所示。部分直播甚至直接将直播间搬到了生产场地，这样的设置可以凸显产品特点，比如品牌特点、原生态特色等。

图 4-2

（1）直播间背景的点缀。

如果直播间空间很大，为了避免直播间显得过于空旷，可以放一些盆栽、玩偶进行点缀，布置不要过于复杂、奢华，干净整洁即可。也可以在墙上挂一些小标语或商品图，使直播间充满商业气息。

如果想让直播间看起来更有活力，可以在背景中放置一些绿植进行装点，如仙人球。这样不仅有清新空气的作用，对视觉也有好处。

如果在节假日进行直播，可以在直播间里布置一些与节日气氛相关的东西，或者主播化上带有节日气氛的妆容并穿着相关服装，以吸引观众的目光，提升直播间人气。例如：新年专场、七夕专场等。

总之，不要忽视直播间里的点缀，多在细节上花心思往往会起到事半功倍的效果。

（2）直播间背景之货架陈列。

直播间背景除了背景布外，也可以陈列商品。这由直播内容是品牌型商品还是导购型商品决定。

服饰类商品的直播间背景可以摆放模特，最好不要超过 2 个，因为直播间本来空间就不大，陈列模特过多容易喧宾夺主，同时还占据主播展示活动空间。

美妆类商品直播间背景最好放置展示柜，这样既可以体现层次感，又方便陈列商品，也便于主播推荐商品，还能提升直播间的专业度，让用户产生信任感。

（3）直播间背景之地面布置。

直播间地面的布置是最容易被忽略的，但它的作用却非常大。直播间地面可以选择浅色系地毯、木地板，这种选择在美妆、服饰、美食、珠宝等商品的直播中都能使用。

北欧风地毯、绒布地毯可以增加直播间的高级感，主播可根据自己的商品和风格进行选择。

3. 直播间灯光的布置

灯光在直播过程中具有举足轻重的作用，错误的灯光会使主播形成阴阳脸。受欢迎的主播看起来总是让人感觉很舒服，画面清晰又明亮，灯光起着重要作用。一场直播的灯光布置是非常有讲究的，光源、光照角度、亮度、色温等都需要考虑到位，不同的组合将产生不同的效果。

（1）主光。

主光是直播间中的主要光源，承担主要照明作用，如图 4-3 所示，它可以使主播面部受光匀称，是灯光美颜的第一步。

推荐设置：主光源应放置在主播的正面，与摄像头镜头光轴成 0° ～ 15° 夹角。从这个方向照射的光充足均匀，可以使主播脸部柔和，达到磨皮和美白的效果。关于主光源的选择，建议使用显色度 96% 以上的球形灯，因为球形灯打出来的光最为柔和，不建议使用环形灯或摄影灯。

图 4-3

（2）辅助光。

辅助光是辅助主光的灯光，主要用于增强主播的立体感，起到突出侧面轮廓的作用。使用辅助光的时候要注意避免光线太暗或太亮，亮度不能强于主光，不能干扰主光正常的光线效果，不能产生光线投影。辅助光的类型有射灯、壁灯等。

推荐设置：辅助光应从主播左面或者右面照射，如图 4-4 所示。从人体左前方 45° 打辅助光可以使面部轮廓产生阴影，打造脸部立体感；从人体右后方 45° 打辅助光可以使面部偏后侧轮廓被照亮，与前侧的光产生强烈反差，从而制造面部轮廓阴影，使主播整体造型更具立体感。

图 4–4

（3）顶光。

顶光是次于主光的光源，一般从头顶位置照射，给背景和地面增加照明，如图 4-5 所示。顶光可以产生浓重的投影感，有利于轮廓造型的塑造，还可起到瘦脸的作用。

推荐设置：从上方垂直照射，离主播最好不要超过两米。

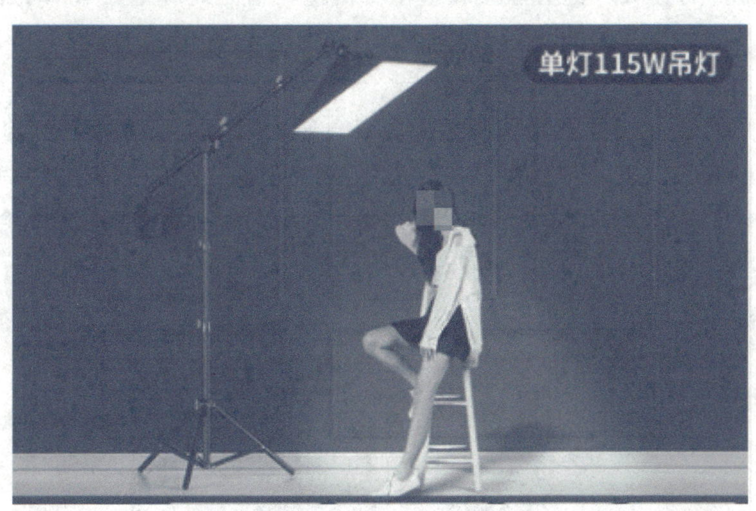

图 4–5

（4）背景光。

背景光又称为环境光，主要作为背景照明使用。背景光可以使直播间的各点亮度尽可能统一，起到使室内光线均匀的作用。需要注意的是，背景光的设置要尽量简单，切忌喧宾夺主。

推荐设置：建议在直播间顶部布满，如图 4-6 所示，有些直播间使用吊灯作为背景光光源，虽然比较浮夸，但可以增强直播间的高级感和场景感。背景光一般采取低光亮、多光源的布置方法。

图 4-6

简言之，通过设置直播间的背景和灯光，可以更好地凸显主播的颜值，使整场直播显得更加“好看”，能够更好地吸引观众，提升留存率，进而促进下单，拉升销售额。

任务 2　主播素养分析

◎ 任务解读

随着 5G 时代的到来，直播行业具备了更高清、低延时和强互动等特性。直播平台的规则也更加完善，国家对于带货直播的经济行为给予了更多的政策支持，直播的环境越来越好。

一名成功的带货主播需要具备什么样的条件呢？每个主播都有自己的特点，例如：A 主播直播间的商品品类多，直播风格贴近生活，还会在直播过程中教消费者如何领取优惠券（如图 4-7 左图所示），深受粉丝喜爱；B 主播喜欢用夸张的表达方式给观众“种草”，喜欢开场送福利让观众刷屏（如图 4-7 右图所示）。虽然两位主播的特点不一样，但是他们都具备了主播必备的基础能力和素质。

图 4-7

主播应具备的能力包括分析判断能力、语言表达能力、控场能力等。

◎ 分析思路

分析主播的素养可以从两个角度入手，分别为素质能力分析与话术表达分析，主播素质能力分析又可从多个方面考虑，如分析判断能力、语言表达能力、镜头展示能力等；话术表达应针对主播目的的不同而定。

◎ 分析过程

1. 素质能力分析

（1）分析判断能力。

从商业逻辑的角度来说，淘宝主播和早期的电视销售、电话销售、上门销售没有本质的区别，也就是说主播本身就是销售，而销售员的必备能力就是敏锐的分析判断能力。

当消费者走进一家门店的时候，店里的导购员会根据消费者的言谈举止来分析他的身份特质，并从身份特质中分析消费者的内在需求。作为带货主播，虽然无法和消费者（粉丝）进行面对面地交流，但还是能通过粉丝的文字、点赞、送礼物等交流方式去了解他们的需求，甚至可以从直播的标题、封面、当天主要上架的商品、历史直播情况来分析观看直播人群（消费者）的画像。

（2）语言表达能力。

仅仅了解消费者的需求和痛点是不够的，直播人员要靠扎实的语言表达去打动消费者。优秀的语言沟通能力是带货主播必须修炼的基本功，优秀的语言表达能力需要经过不断地模仿和锻炼。多向优秀主播学习，看他们怎样介绍产品，怎样组织话术，怎样控制节奏。主播需要持续不断地积累和商品有关的专业词汇，直到能够不间断地介绍某款商品超过半个小时，甚至更长时间也能够轻松应对。

语言表达能力除了体现在介绍商品的场景外，也体现在与粉丝互动的场景中。良好的语言表达能力能够拉近主播和消费者、商品和消费者的距离。主播说的话能够让消费者感到真实，消费者才会把主播当成朋友，才会心甘情愿地关注直播间，成为直播间的粉丝，才能愿意跟朋友分享主播的直播间和商品。

（3）镜头展示能力。

一件相同的商品，在两个不同的直播间里展示出的效果可能完全不一样。为什么会出现这种情况？这是因为主播销售商品时的镜头展示能力不同，而这种展示能力所产生的效果会直接影响本场直播的下单率。灯光、直播间陈列、背景装饰、手机型号、物品角度等都可能会影响商品展示效果。新主播需要不断向其他优秀主播学习并进行分析对比，才能找到更好的镜头展现方式，学习并且锻炼出这项必备能力。

（4）控场能力和应变能力。

直播间是面向社会大众，具备公开性质的，只要是直播平台的注册用户都可以进来发评论，其中难免会有负面评价，也会有一些售后问题反馈到直播间。这些都需要主播或者运营人员来处理，处理不好就会对直播间造成不良影响。所以，处理好直播间的各种突发情况也是主播的必备技能之一。

（5）学习能力。

新主播要坚持学习和模仿，比如去同类目的优秀直播间进行观摩学习，观察优秀主播的各种表现，学习商品介绍、话术以及商品讲解技巧，这是最快最好的学习方式。头部、腰部大主播也是这样一步一个脚印，认真学习，及时调整，不断提升，最后成为一名优秀带货主播的。

（6）保持稳定心态的能力。

新主播在起步阶段，可能会遇到直播间无人问津的情况，主播可能会心态失衡，想着这么辛苦，为什么一个来互动的人都没有，从而怀疑自己，无法坚持。所以开播之前一定要调整好心态，不要着急，心态要平稳。同样是主播，别人激情澎湃，信心满满，不管有没有人在看，都会认真介绍商品，而你两眼无神，精神涣散，换成你是消费者，你愿意看谁的直播呢？

新主播直播时如果怕直播间人数过少影响自己，可以将手机上显示人数的地方遮挡起来，让自己感觉直播间是有人的，一定要好好播，这样有助于发挥。主播在上播前如果没有激情，可以听一听音乐来激发自己的情绪，让自己一上播就能感染粉丝。直播间的人流量不稳定是正常的，粉丝有进就有出，主播应该始终保持良好的心态，哪怕心态改变了也不要表露出来。

若直播遇到突发状况，更需要及时稳住心态，积极应对。

（7）复盘总结的能力。

新主播都有“从 0 到 1”的过程，会在直播间遇到许多问题，这就要求主播在直播结束后，对直播间的人、货、场三个方面进行复盘和总结，也可以让身边的亲戚朋友去直播间帮助自己寻找问题，然后在下一次直播时进行调整，只有持之以恒地复盘，才能一次比一次强。

2. 话术分析

直播时，主播应该掌握一些话术，这样有利于带货和变现。

（1）欢迎话术。

当抖音、快手、淘宝等直播平台的用户进入相应的直播间后，平台的评论区会显示出来。主播看到有用户进入直播间时，可以对用户进行欢迎。最简单的欢迎方式就是“欢迎 xxx 进入直播间”，但为了防止欢迎话术过于单一，主播还可以根据自身特色和用户特点来制定具有自己特色的欢迎话术。

① 结合自身特色设计欢迎话术。以喜欢唱歌的主播为例，如“欢迎 xxx 来到我的直播间，希望我的歌声能使你心情愉悦。”

② 根据用户名设计欢迎话术。以和游戏相关的用户名为例，如“欢迎 xxx 进入直播间，看名字，你应该很喜欢玩 xxx 游戏，我也经常玩，有机会可以一起。”

③ 根据用户的账号等级设计欢迎话术。以一个高等级账号的用户为例，如“欢迎 xxx 大咖到来，希望能够关注本直播间。”

④ 对忠实粉丝的欢迎。如“欢迎 xxx 回到我的直播间，我的每场直播都有你的身影，感谢一直以来的支持！”

（2）感谢话术。

在直播过程中，当有用户购买商品时，主播应以一定的话语对用户表示感谢。表示感谢的话术有很多，简单列举如下：

① 对个人，如“感谢 xxx 在直播间购买了 10 件 xx 商品，感谢您对直播间的贡献和关注。”

② 对大家，如“谢谢大家的支持，xx 商品开卖 10 分钟就销售 1000 件，感谢大家对直播间和主播的关注！”

（3）提问话术。

在直播间中主播会向用户提出问题，主播提问时要使用能提高用户积极性的话语，以增加互动。

① 提出单选或多选的问题，如“直播间的小伙伴们，你们是喜欢黑色还是粉色的鞋子？”

② 提出开放性的问题，如“直播间的小伙伴们，我们即将进行抽奖活动，这次活动仅限于购买了直播中商品的小伙伴，请将购买的商品发在评论区。”

（4）引导话术。

每场直播都有需要引导用户的时候，主播应根据自身的需求，让用户为自己助力。主播可以根据不同的目的采用不同的话术对用户进行引导，具体方法如下。

① 引导购买，如“天哪！不到半小时，xx（商品）的库存就不足一半了，想要购买的小伙伴抓紧了！”

② 引导加入粉丝团，如“有喜欢的小宝贝，可以点击左上角红色按钮，加入我们的粉丝团，享受更多福利。”

③ 引导直播氛围（评论区发言），如“咦！直播间是没有信号了吗？大家能听到我说话吗？听到的小伙伴们可以在评论区扣 1。”

（5）下播话术。

当直播即将结束的时候，主播应该通过下播话术，向用户进行传达。那么，如何向用户传达下播信号呢？主播可以从感谢、预告和祝福三方面入手。

① 感谢观众的关注，如“直播马上就要结束了，感谢大家在百忙之中抽出宝贵的时间来观看直播。你们的关注就是我直播的动力，期待大家再次光临本直播间。”

② 直播预告，如“这次直播接近尾声了，时间匆匆，要说再见了。喜欢的小伙伴可以在明晚 8 点进入我的直播间，到时候再分享好的商品。”

③ 表示祝福，如“时间即将到达 12 点了，大家好好休息，做个美梦。”

◎ 任务实训

实训 4.2

类目：不限。

背景：请在抖音上寻找一位关注人数超过 10 万的主播，观看他的整个直播流程，提炼总结这位主播的话术，评价这位主播的特色。

目标：掌握话术的一般套路，能够借鉴学习其他主播的优秀话术。

数据：自己提取。

要求：以文档形式呈现你观察到的话术及你对主播的评价，字数不少于 800 字。

项目 5
直播复盘与优化

直播的复盘和优化是运用统计学原理对一场或多场直播进行总结分析，每一场直播结束后，直播运营人员均需进行复盘分析，并提出优化建议。只有通过一次次复盘分析与优化，才能让直播持续发展，这也是每一位运营人员所必备的职业技能。本项目包含3个任务，分别是直播后的复盘分析、直播复盘后的优化策略、直播复盘报告的撰写。通过这三个任务，使学习者掌握直播复盘方法，能够制定优化策略，能够撰写直播复盘报告。

学习目标

- ✓ 掌握直播复盘的方法和要点
- ✓ 掌握直播复盘优化的策略和方法
- ✓ 能够撰写直播复盘报告

项目导图

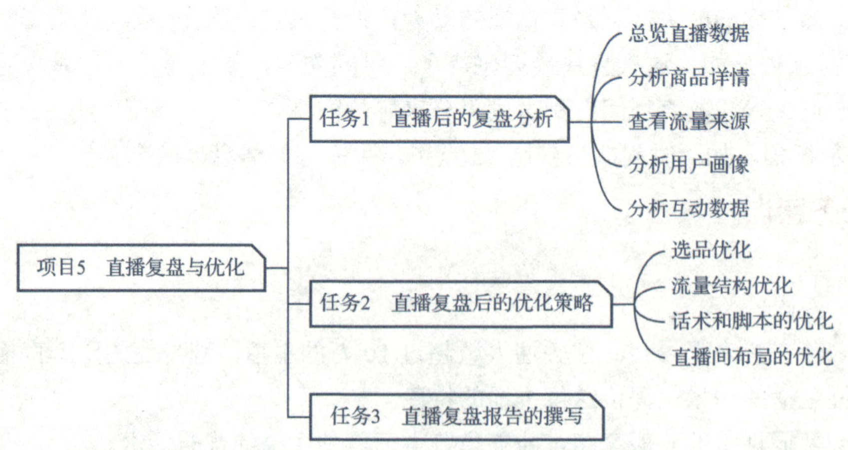

任务1 直播后的复盘分析

今天小智有一场带货直播，本场直播团队的GMV（成交金额）目标是2万元。直播后，小智迫切地想要总结自己本场直播的表现，有哪些地方做得不好，需要优化，有哪些地方做得好，可以保持。于是小智就与直播团队的小伙伴们对本场直播进行了复盘分析。

◎ 任务解读

直播后的复盘分析是每一位运营人员所必备的职业技能，进行直播复盘分析的目的有四个：第一，查看进度，方便强化最初的目标；第二，发现规律，总结直播中的规律并优化流程；第三，复制技巧，总结直播中的成功经验；第四，减少失误，对直播中出现的各种失误进行复盘，在下次直播中减少同类失误的发生。

◎ 分析思路

直播复盘需要对直播所产生的数据进行详细的分析，还原直播过程，从中找出优化点与保持点。

复盘一般分为五个步骤：第一步，总览直播数据，判定直播成败；第二步，分析商品详情，发现潜在爆款；第三步，查看流量来源，调整转化节奏；第四步，分析用户画像，查看潜在需求；第五步，分析互动数据，发现关注焦点。

知识加油站

GMV：指成交金额。

场观：一般指单场观看量，也就是一场直播到底有多少人观看过直播间。

扣号：观众对感兴趣的商品在弹幕中输入的商品序号。

◎ 分析过程

1. 总览直播数据

一场直播开始之前，直播运营人员会根据直播间目前的粉丝数量、前期的带货效果对本场直播进行预期和估计。通过对整场直播基础数据的观察和对比，如直播时长（本次直播的总时长）、主播粉丝量、带货口碑、人气数据以及带货数据，初步判断直播间的带货效果。

直播预期的设定需要参考直播间以往的数据，这部分数据可以直接在抖音创作服务平台中的“直播数据”→“单场数据”中获得，如图5-1所示。

若不是日播型的主播，则需剔除掉没有直播的那些数据，本任务中的直播总览数据如图5-2所示（对应本书资料包中文件“5-1 直播间数据.xlsx”）。

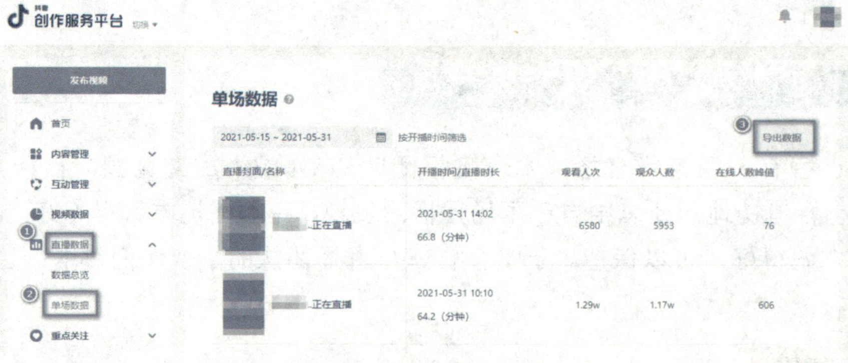

图 5-1

直播名称	开播时间	观看人次	观众人数	在线人数峰值	直播时长（分钟）	评论人数	新增粉丝	送礼人数	收获音浪	直播收益（元）
5201314	2021/5/31 14:02	6580	5953	76	66.8	77	83	14	20	1
5201314	2021/5/31 10:10	12946	11753	606	64.2	181	155	29	135	6.75
5201314	2021/5/30 14:00	25346	23159	1294	82.1	285	289	50	56	2.8
5201314	2021/5/30 10:10	55022	49201	1479	135.6	753	886	121	294	14.7
5201314	2021/5/29 10:10	99396	88005	3296	216.3	1680	2010	281	462	23.1
5201314	2021/5/28 14:07	30670	27281	1229	153.2	543	617	91	119	5.95
5201314	2021/5/28 10:10	32581	28866	241	173.7	380	352	56	87	4.35
5201314	2021/5/27 10:10	44780	39943	1752	187.1	547	615	125	495	24.75
5201314	2021/5/26 10:10	46441	41207	1319	172.5	809	1008	81	111	5.55
5201314	2021/5/24 10:10	15848	14014	133	130	195	185	55	64	3.2
5201314	2021/5/23 10:10	24440	21926	166	136.8	266	328	82	98	4.9
5201314	2021/5/22 10:10	42542	37833	2301	153.2	602	616	235	313	15.65
5201314	2021/5/21 10:10	56864	50240	4372	179.2	1755	1724	609	792	39.6
5201314	2021/5/20 14:00	13658	11726	153	131.1	304	280	126	152	7.6
5201314	2021/5/20 10:10	8656	7270	122	108.6	255	153	106	154	7.7
5201314	2021/5/19 10:10	15258	13177	950	121.2	393	302	160	196	9.8
5201314	2021/5/18 10:10	5067	3949	68	181.1	182	80	46	55	2.75
5201314	2021/5/17 10:10	4973	4165	105	108.6	164	64	94	119	5.95
5201314	2021/5/15 10:10	43833	39486	1893	123.5	884	722	289	408	20.4

图 5-2

打开数据表，选中数据区域中的任意单元格，在“插入”选项卡中单击“数据透视表”，如图 5-3 所示。在弹出的“创建数据透视表”对话框中单击“确定”按钮。

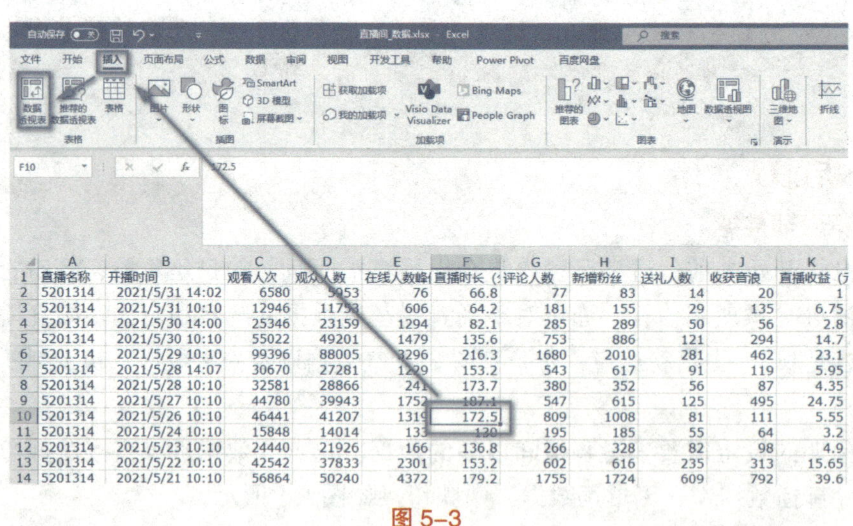

图 5-3

在“数据透视表字段”窗格中，将“开播时间”字段拖至“行”区域，将“观众人数”字段拖至“值”区域，如图 5-4 所示，操作完成后表格如图 5-5 所示。

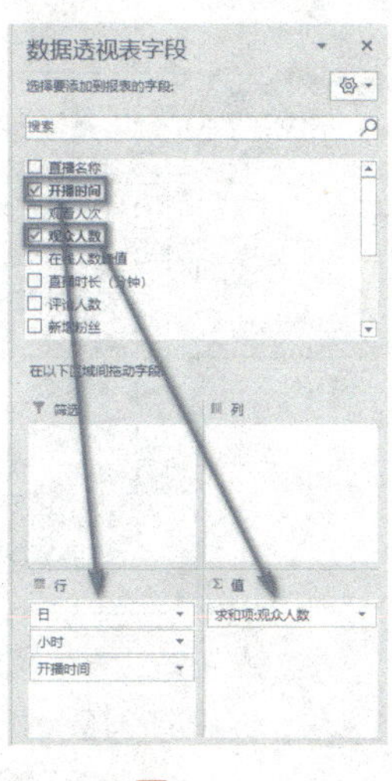

图 5-4

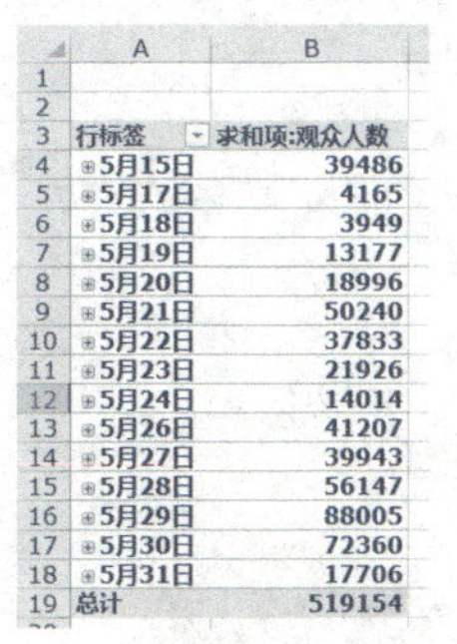

	A	B
1		
2		
3	行标签	求和项:观众人数
4	⊞5月15日	39486
5	⊞5月17日	4165
6	⊞5月18日	3949
7	⊞5月19日	13177
8	⊞5月20日	18996
9	⊞5月21日	50240
10	⊞5月22日	37833
11	⊞5月23日	21926
12	⊞5月24日	14014
13	⊞5月26日	41207
14	⊞5月27日	39943
15	⊞5月28日	56147
16	⊞5月29日	88005
17	⊞5月30日	72360
18	⊞5月31日	17706
19	总计	519154

图 5-5

在“插入”选项卡中，单击“插入折线图或面积图”按钮，如图 5-6 所示，在弹出的下拉列表中选择“折线图”，绘制观众人数趋势图，如图 5-7 所示。

图 5-6

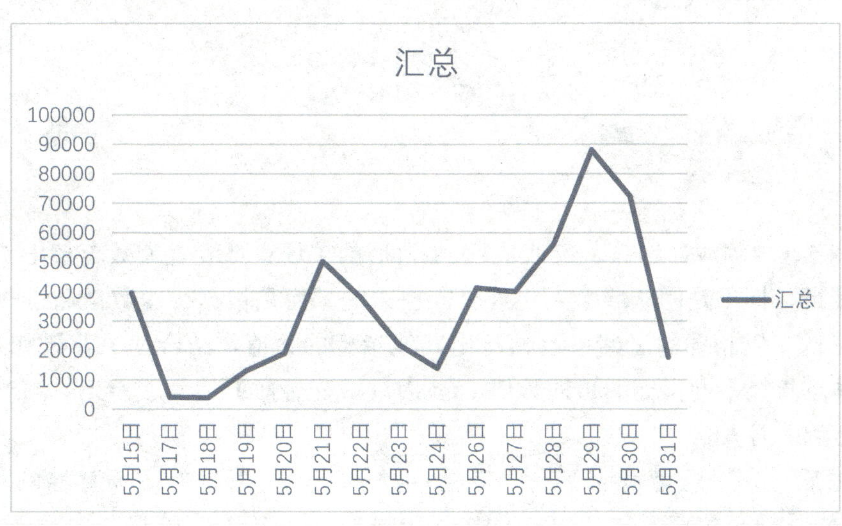

图 5-7

单击“ ”按钮，在弹出的“图表元素”列表中选择“趋势线”→“线性预测”，如图 5-8 所示，为此折线图添加线性预测趋势线，将图表标题修改为“观众人数趋势图”，如图 5-9 所示。

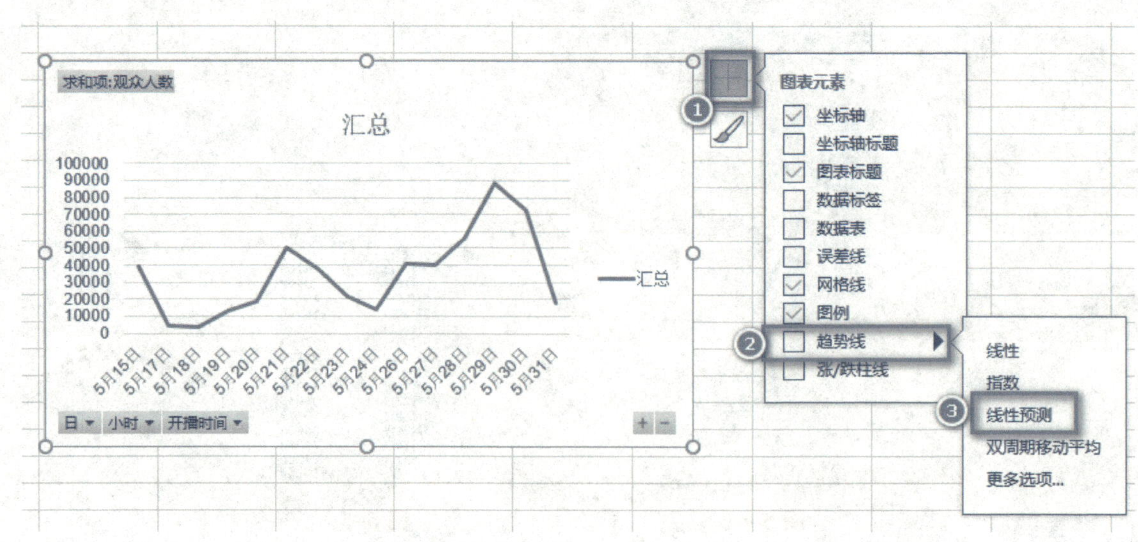

图 5-8

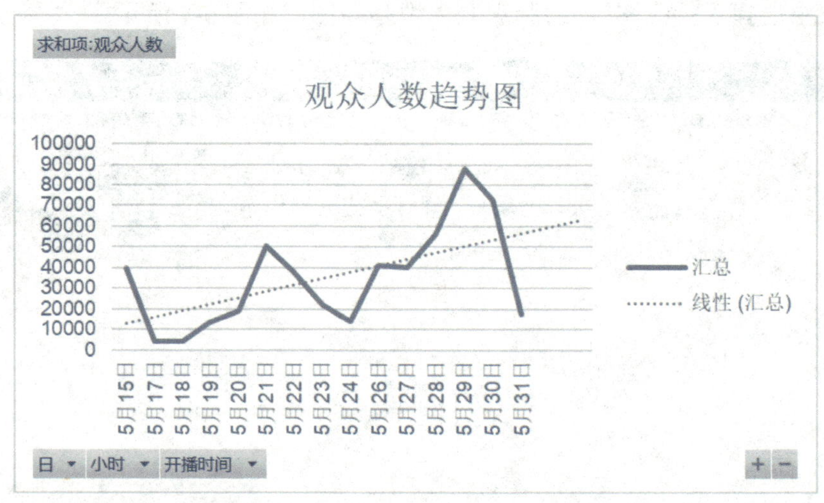

图 5-9

观察图 5-9 中的线性趋势，预估 5 月 31 日后的单场直播观众人数会超出 5 万人。一场直播的预期目标不是团队或个人主观臆断出来的，而是根据历史数据通过一定方法客观推测出来的。以相同的思路可以预测出其他指标的数值。结合任务背景和预测结果，可以得到本场直播不同指标的预期数值：GMV（成交金额）达到 2 万元，场观（总体观看人数）达到 5 万人。

直播过后，在“巨量百应”→“直播中控台”中可以查看本场直播的相关数据。某主播原本预期本次直播的 GMV（成交金额）为 2 万元，场观（单场观看量）的预期是 5 万人，但实际本次直播的 GMV 接近 4 万元，单场销量超过 700 件，场观突破 8 万人，如图 5-10 所示，大大超出了预期目标。通过与预期目标的对比，可以判定这是一场成功的直播。

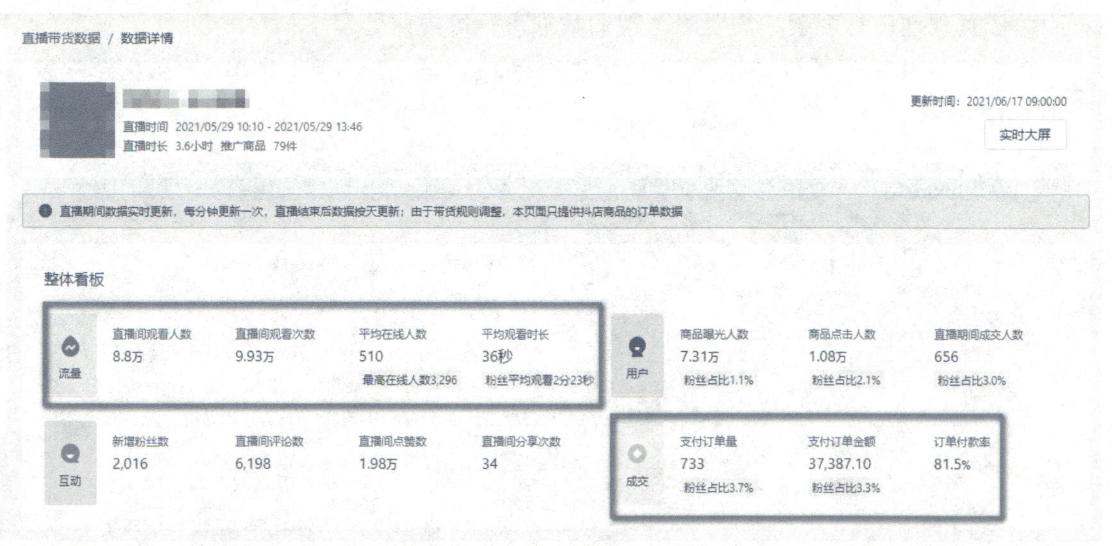

图 5-10

2. 分析商品详情

直播间整体数据表现良好的原因是多方面的，其中最关键的原因就是选品，那么优质直播间是如何选品的呢？

直播间的销售成绩和选品策略紧密相关，销量可以反映观众的购买意愿，从而指导下次选品。通过对直播间的商品进行复盘，淘汰表现不佳的商品，留下优质的商品，如此反复迭代优化，才能形成最佳的选品组合。

如何判断一个单品是否优质呢？最关键的 3 个核心指标是销售额、销量和转化率，这三个指标可以反映选品是否成功，判断这个单品是否符合消费者的喜好。

图 5-11 是一场抖音直播的商品销售记录表（对应本书资料包中文件“5-1 直播详情商品销售记录 .xlsx”），可以看出，在这场直播中，共上架 11 件商品。抖音数据后台巨量百应中可以观察到这些数据。

	A	B	C	D	E	F	G	H
1	商品	价格	销量(件)	销售额	件/每单	转化率	累计讲解时长	上/下架时间
2	雪糕a	121	326	39446	1	8.77%	26987	06-21 10:03:39 / 06-21 21:57:56
3	雪糕b	119	139	16541	1	4.97%	178	06-21 10:03:39 / 06-21 21:57:56
4	雪糕c	121	127	15367	1.06	4.90%	2447	06-21 10:03:39 / 06-21 21:57:56
5	雪糕d	129	109	14061	1.01	10.90%	1179	06-21 10:03:39 / 06-21 21:57:56
6	雪糕e	119	92	10948	1.01	3.89%	2506	06-21 10:03:39 / 06-21 21:57:56
7	雪糕f	119	70	8330	1	4.75%	351	06-21 10:03:39 / 06-21 21:57:56
8	雪糕g	199	22	4378	1	1.47%	969	06-21 10:03:39 / 06-21 21:57:56
9	雪糕h	121	32	3872	1	2.81%	460	06-21 10:03:39 / 06-21 21:57:56
10	雪糕i	125	22	2750	1	2.20%	221	06-21 10:03:39 / 06-21 21:57:56
11	雪糕j	121	17	2057	1.06	2.54%	117	06-21 10:03:39 / 06-21 21:57:56
12	雪糕k	123	12	1476	1	1.39%	336	06-21 10:03:39 / 06-21 21:57:56
13								

图 5-11

得到数据之后，在复盘时需总结直播中表现好的商品，在下一场直播中继续推广和销售，对于表现不佳的商品，要更新剔除。

为了直观地进行观察，需要对下载的数据进行可视化处理。

以图 5-11 中的直播数据为例，打开数据表后，在“插入”选项卡中单击“数据透视表”，如图 5-12 所示。

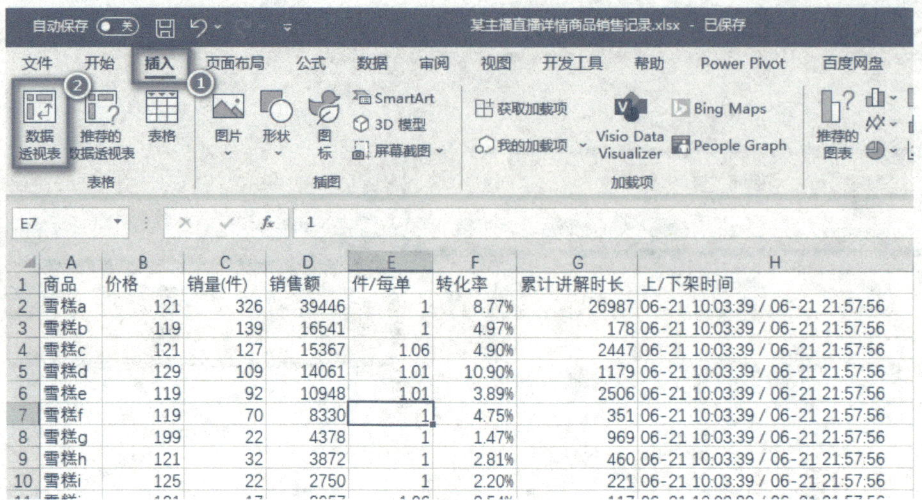

	A	B	C	D	E	F	G	H
1	商品	价格	销量(件)	销售额	件/每单	转化率	累计讲解时长	上/下架时间
2	雪糕a	121	326	39446	1	8.77%	26987	06-21 10:03:39 / 06-21 21:57:56
3	雪糕b	119	139	16541	1	4.97%	178	06-21 10:03:39 / 06-21 21:57:56
4	雪糕c	121	127	15367	1.06	4.90%	2447	06-21 10:03:39 / 06-21 21:57:56
5	雪糕d	129	109	14061	1.01	10.90%	1179	06-21 10:03:39 / 06-21 21:57:56
6	雪糕e	119	92	10948	1.01	3.89%	2506	06-21 10:03:39 / 06-21 21:57:56
7	雪糕f	119	70	8330	1	4.75%	351	06-21 10:03:39 / 06-21 21:57:56
8	雪糕g	199	22	4378	1	1.47%	969	06-21 10:03:39 / 06-21 21:57:56
9	雪糕h	121	32	3872	1	2.81%	460	06-21 10:03:39 / 06-21 21:57:56
10	雪糕i	125	22	2750	1	2.20%	221	06-21 10:03:39 / 06-21 21:57:56

图 5-12

在“数据透视表字段”窗格中，将“商品”字段拖至“行”区域，将“销量”字段拖至“值”区域，如图 5-13 所示，操作后表格显示如图 5-14 所示。

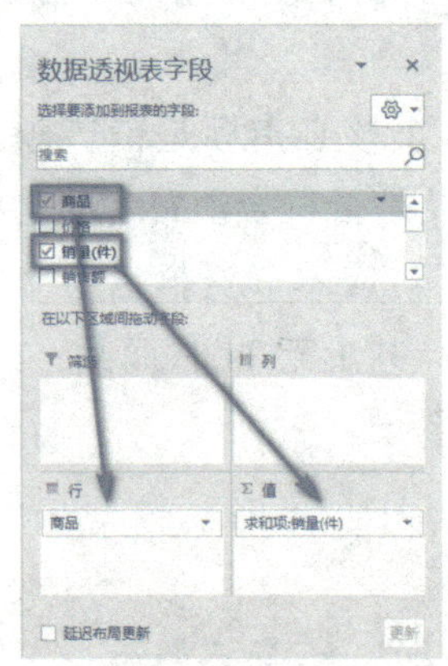

图 5-13

	A	B
3	行标签	求和项:销量(件)
4	雪糕a	326
5	雪糕b	139
6	雪糕c	127
7	雪糕d	109
8	雪糕e	92
9	雪糕f	70
10	雪糕g	22
11	雪糕h	32
12	雪糕i	22
13	雪糕j	17
14	雪糕k	12
15	总计	968

图 5-14

在“插入”选项卡中，单击“插入柱形图或条形图”按钮，如图 5-15 所示，在弹出的下拉列表中选择“簇状柱形图”；将图表名称修改为“各商品销量排行榜”，删除图例“汇总”，结果如图 5-16 所示。

图 5-15

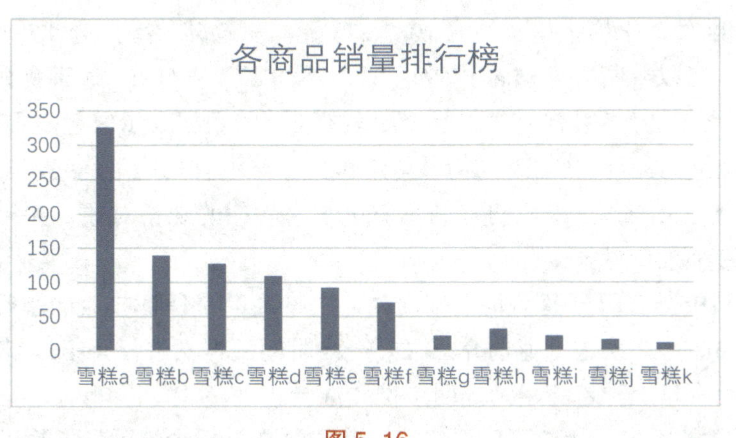

图 5-16

按照相同步骤，可以制作“各商品销售额排行榜”和“各商品转化率排行榜”可视化图，如图 5-17 和图 5-18 所示。

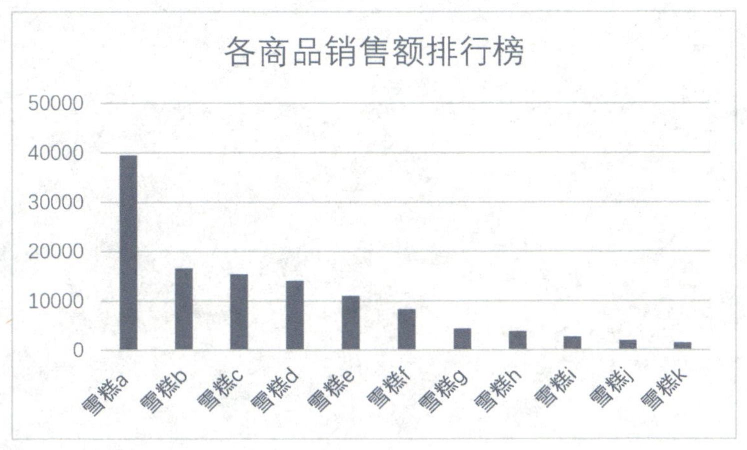

图 5-17

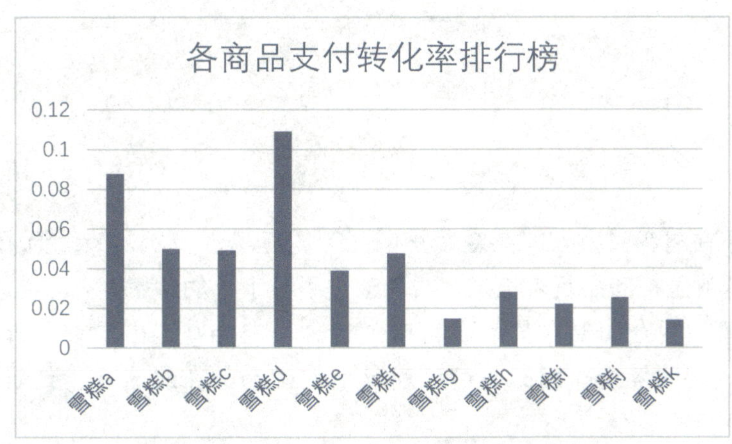

图 5-18

通过这三张统计图可以看出，雪糕 a 是综合表现最好的商品，属于主推款商品。再根据公式：所有商品的销量（或销售额、转化率）总和 ÷ 商品数量，计算出直播间商品的平均销量为 88 件，平均销售额约为 10838.73 元，平均转化率约为 4.42%，计算后对比各商品的数值，可以判断“雪糕 a”“雪糕 b”“雪糕 c”“雪糕 d”表现良好，适合继续推广，“雪糕 g”“雪糕 h”“雪糕 i”“雪糕 j”“雪糕 k”的数据表示较差，不适合继续推广，可以考虑重新选品。此外，雪糕 f 的销量与销售额虽然没有到达平均线，但数值差距不大，而且转化率达到了 4.75%，所以可以将雪糕 f 作为后期的观察对象，如果后续数据表现良好则可作为持续推广对象。

在这些商品中，有部分商品是主推商品，主推商品是保证收益的基础，在直播的过程中，主推的商品应多次进行返场介绍（隔一段时间后再次进行介绍）。若随着返场次数的增加，商品销量呈上升趋势，则证明主推款选择正确。

以图 5-19 中的雪糕为例，可以看出，这款雪糕在直播中被返场 5 次进行讲解，共 19 分 39 秒，最终单品销量达 109 件，销售额为 1.4 万元，商品销量趋势随着返场次数的增加而增加，因此这款主推商品的选择是完全正确的。

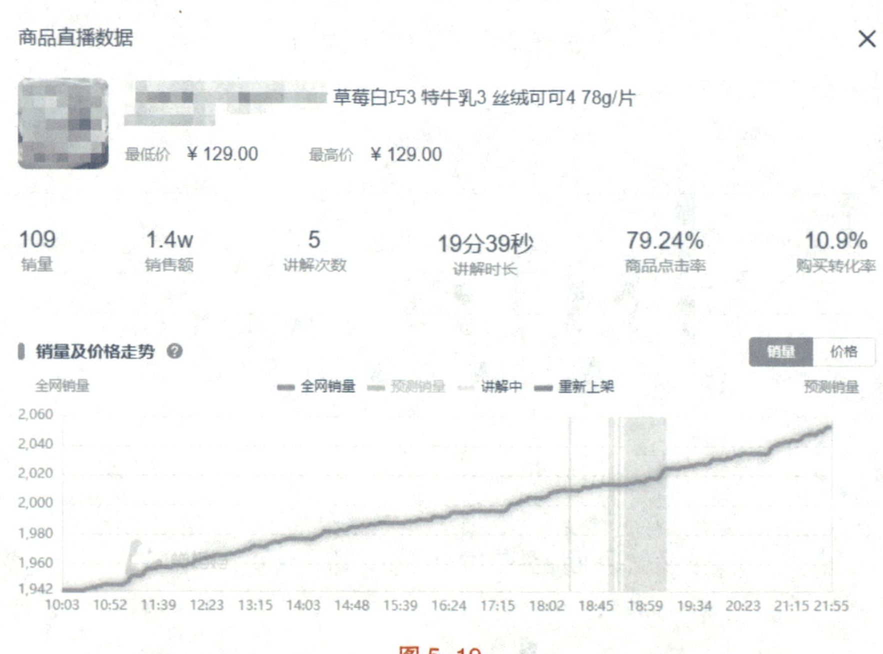

图 5-19

但是，如果在复盘时发现，某款主推商品无论返场多少次，销量均无明显变化，则需要重新审视这款主推商品是否正确，或者改进引导下单的话术。

此外，直播间观众如果对某款商品感兴趣，一定会有点击购物车查看商品详情的动作，会形成短暂的停留。因此，可以通过上架商品的在线流量，判断用户对商品感兴趣的程度。

以图 5-20 所示的某场直播数据为例，可以发现多个购买峰值正好对应“低价引流款”的上架时间，可见用户对这些商品感兴趣，那么后续在选择秒杀款商品时，就可以进行参考。

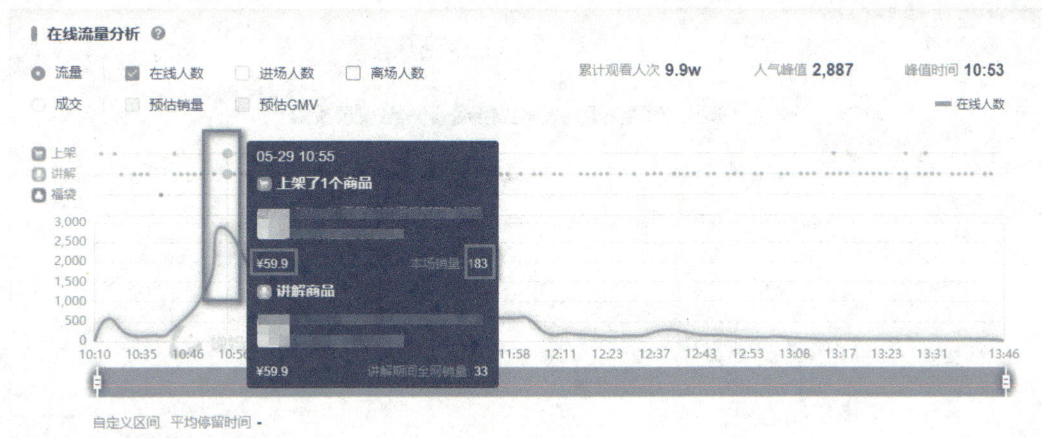

图 5–20

同时，还可以通过用户的弹幕详细了解用户对商品的主要需求。例如，用户经常“扣号”（观众对感兴趣的商品常在弹幕中输入此商品的序号）的商品，主播在下次直播的时候就可以重点推荐，从而增加用户的下单概率。除带货数据外，直播间流量来源也是需要重点关注的。

3. 查看流量来源

以抖音平台为例，吸引用户进入直播间的入口主要有四个：关注页、推荐页、同城和其他。其中，推荐页和其他中包含付费流量。

进入巨量百应后台数据中心，单击“直播数据”→“播后来源汇总”，可以查看整场直播的数据，采集下来后，数据如图 5-21 所示，当数据相近时，还需进一步做可视化处理。

B5 1.27%

	A	B
1	流量渠道	流量占比
2	竞价直播推广	0.00%
3	品牌广告	0.00%
4	推荐页短视频引流	0.05%
5	粉丝流量	1.27%
6	其他流量	1.90%
7	直播自然推荐	96.79%

图 5–21

在“插入”选项卡中，单击“插入条形图或面积图”按钮，如图 5-22 所示，在弹出的下拉列表中选择“二维条形图”，绘制条形统计图，修改图表名称为“直播流量占比统计”，并添加“数据标签”，结果如图 5-23 所示。

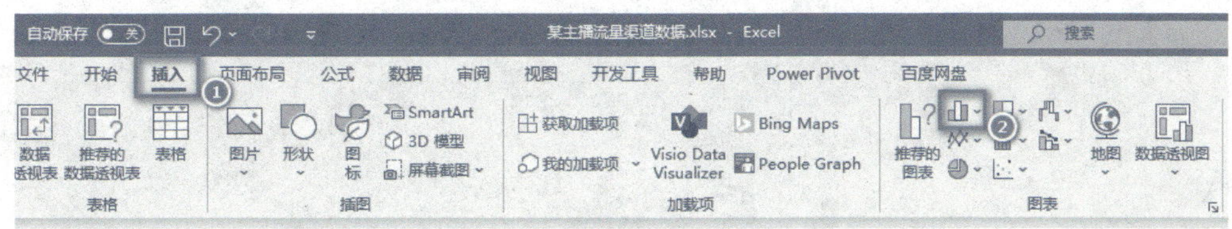

图 5–22

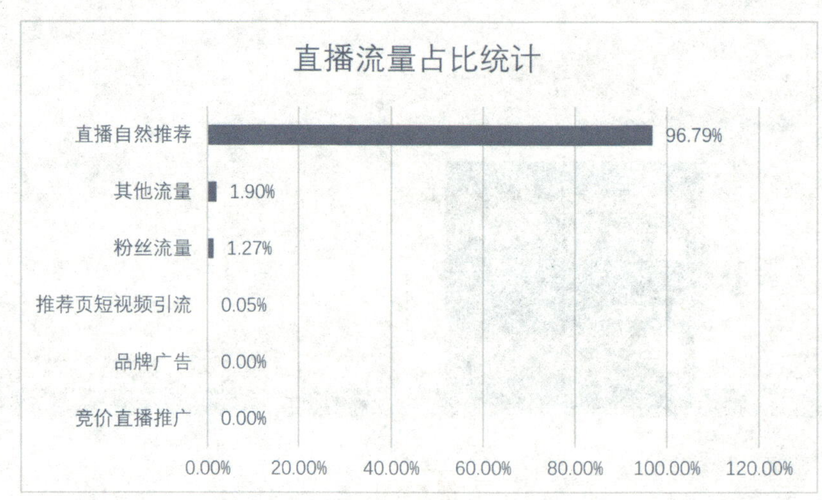

图 5-23

可以看到，整场直播有 96.79% 的观众来自直播自然推荐，即本场 8.8 万名观看者中，约有 8.5 万名观众来自直播自然推荐。鉴于此账号是新号，故在所有的流量渠道中，最为重要的是直播广场的流量和视频推荐的流量。如果占比低于半数，则表示流量结构出现失衡，但从图 5-23 可知，本次直播流量结构正常。

若是直播一段时间的老号，则推荐页短视频引流和粉丝流量比重会相应加大，越到后期，这一权重的比例越大，一般健康的流量比为 60% 直播自然推荐流量，20% 推荐页短视频引流，10% 的粉丝流量，10% 的其他流量（通常为付费流量）。

直播自然推荐的流量来自直播广场，人群的精准度一般不高，但复盘不是猜测，需要数据的支撑，故下一步需复盘场观的人群画像。

4. 分析用户画像

通过年龄、地域、性别等基础画像数据，可以初步判断直播间观众的人群特征。这一部分数据可在“巨量百应”→“数据参谋”→“直播数据”→“用户画像”中查看。图 5-24 是某场直播的地域人群画像数据（对应本书资料包中文件“5-1 人群画像数据 .xlsx”）。

I9

	A	B	C
1	**省份**	**人群占比**	
2	江苏	10.21%	
3	广东	9.45%	
4	山东	8.54%	
5	浙江	7.32%	
6	上海	6.40%	
7	陕西	4.27%	
8	四川	3.96%	
9	湖北	3.96%	
10	河南	3.66%	
11	河北	3.66%	
12	辽宁	3.51%	
13	安徽	3.51%	
14	湖南	3.35%	

图 5-24

由于我国省份较多，为更直观地查看用户分布情况，需要制作地域统计图。选中数据表中的任意单元格，在“插入”选项卡中单击“插入柱形图或条形图”按钮，在弹出的下拉列表中选择“簇状柱形图”，如图 5-25 所示。在创建的图表中，将图表标题修改为“地域人群画像”，如图 5-26 所示。

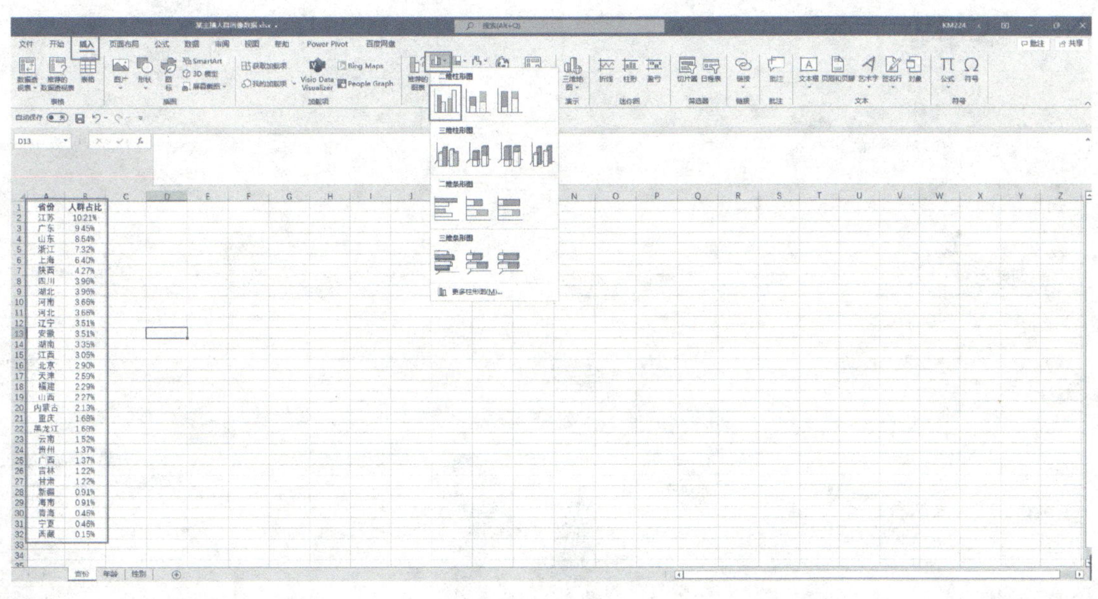

图 5-25

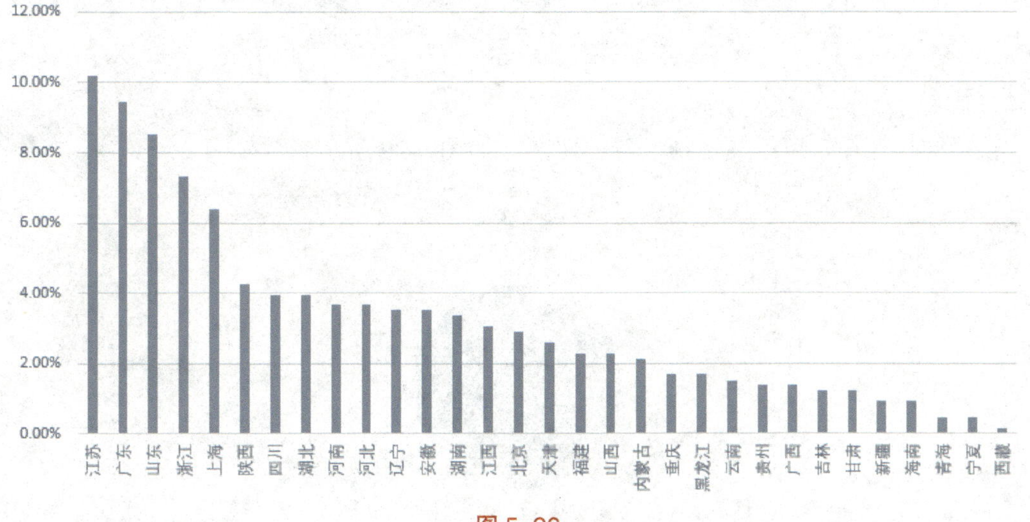

图 5-26

由图 5-26 可知，直播观众主要来自江苏、广东、山东这三个省，北部、西部、西南各省观众相对较少。

参照上述步骤，可绘制年龄段占比图和性别占比图。

选中年龄段数据区域中任意单元格，在“插入”选项卡中单击“插入柱形图或条形图”按钮，如图 5-27 所示，然后在下拉列表中选择“簇状柱形图”；将图表标题修改为“各年龄段人群占比”，最终结果如图 5-28 所示。

	A	B
1	年龄段	人群占比
2	<18	10.64%
3	18-23	13.83%
4	24-30	29.79%
5	31-40	35.37%
6	41-50	6.12%
7	>50	4.25%

图 5-27

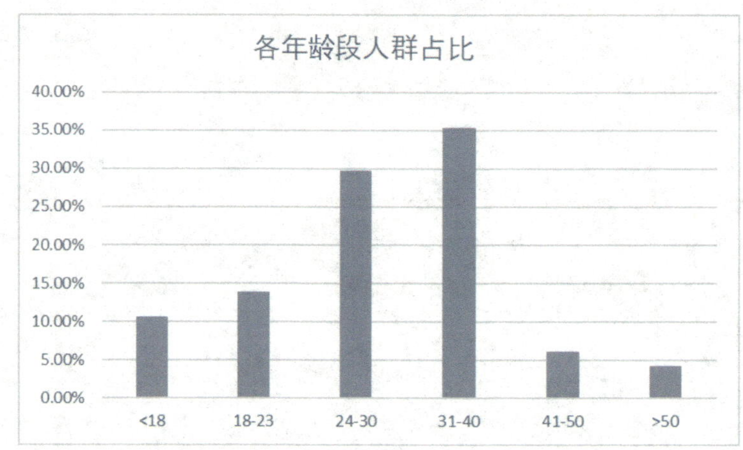

图 5-28

按照同样操作，可绘制性别人群占比图，如图 5-29 所示。

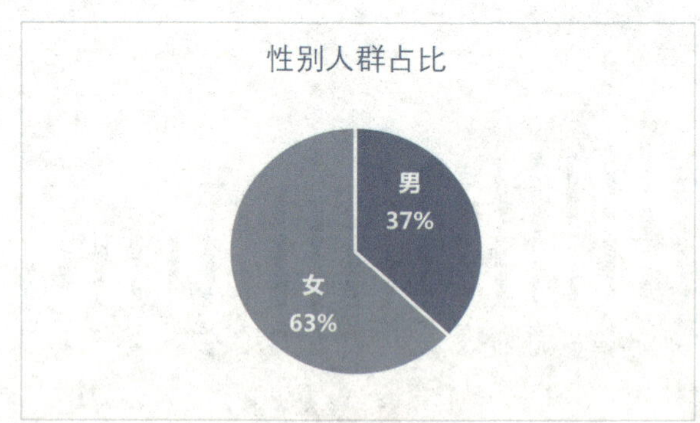

图 5-29

由图 5-28 和图 5-29 可知，这场直播观众年龄段偏向青年及中年人群，且大多为女性，通过和自媒体账号整体的粉丝画像进行对比，可以判断本场直播的观众人群画像是否偏离。

当然，如果去看其他第三方数据平台的话，还可以多增加几个维度和指标，也就可以更好地帮助大家完成直播的复盘和分析了。

5. 分析互动数据

直播间的评论无法在后期汇总采集，所以此处需要直播运营人员现场采集评论数据。某些第三方数据分析可以直接获取相关直播词频信息，此功能一般付费使用。通过分析直播间的互动数据，可以发现观众的关注焦点，某些第三方数据平台可以直接导出直播间的词云图。以图 5-30 所示直播间为例，我们看到直播间词云中，词语“福袋”“手环”“小米”占比较高，说明这些商品更能够调动观众的兴趣。

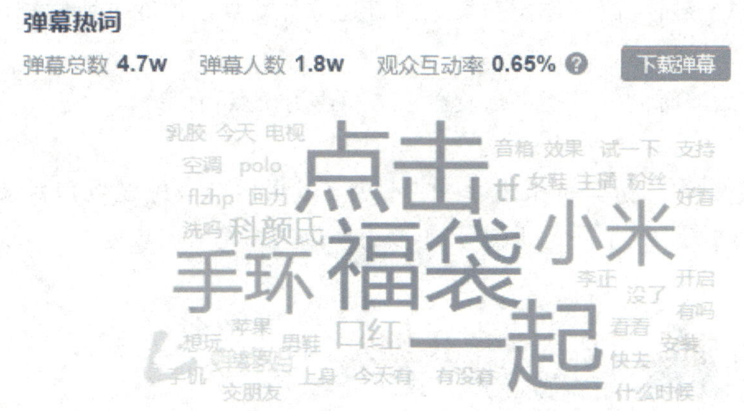

图 5–30

观众的评论受主播的影响较大，如何判断某场直播的互动是否真正起到效果了呢？可以通过分析互动情况和销量之间的关系加以判断。还是以图 5-30 所示的这场抖音直播为例，我们可以在“巨量百应”→“数据参谋”→“直播数据”→“实时趋势”中查看这场直播的评论和成交趋势，如图 5-31 所示。从图中可以看出，几乎每一次大的成交都在评论的峰值之后。通过查看出现这些峰值或者谷值的时间，再结合自己的直播回放，复盘当时的直播话术，总结优点，改进不足。

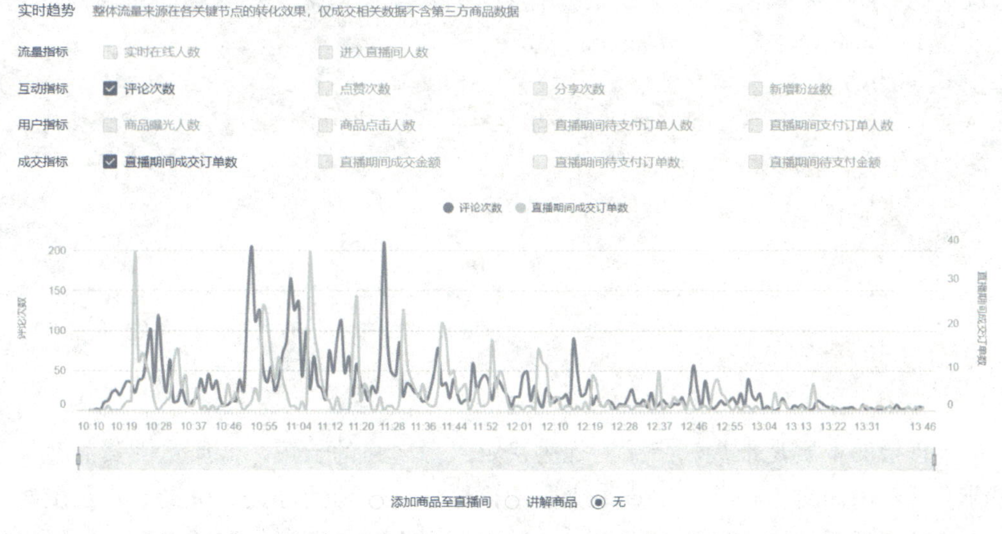

图 5–31

目前，直播发展逐渐成熟，新入驻的商家更需要时刻洞察行业动态。通过查看直播数据分析商品的投放效果，定位合适直播的商品，搭配合适的推广策略，就能提高直播转化率，获取电商直播的红利。

◎ 任务实训

实训 5.1

类目：美妆。

背景：假设你是一名美妆爱好者，已经在抖音上直播了近两年，拥有粉丝超过 30 万人，最近你的 GMV 有所下降，你想对最近的直播进行复盘，请通过所学知识进行直播复盘分析。

目标：对自己近段时间的直播进行复盘总结，找到缺点和优势。

数据：练习数据 5.1。

要求：用 PPT 制作一份分析报告，PPT 不少于 6 页内容（标题页和目录页除外）；要有图形展示（折线图、柱形图、饼图等）；要有明确的结论（可设置结论页）。

任务 2　直播复盘后的优化策略

小智在做完直播复盘后，找到了直播过程中的问题，但他还没有找到问题的优化策略，需要了解直播相关的优化策略。

◎ 任务解读

直播复盘是对过往直播的回顾与总结，对于优秀的经验需要继承，对于已经发现的不足要及时更正。正是通过一次次复盘和优化，一个直播间才能健康、长久地发展。

◎ 分析思路

直播过程中会产生的问题很多，总体上可以从“人”“货”“场”三个方面进行优化，具体包括：话术和脚本优化（人）、选品优化（货）、流量结构优化和直播间布局优化（场）。

知识加油站

KOL：关键意见领袖，常指在某一领域中拥有一定影响力的人。

3C 产品：计算机类、通讯类、消费电子类产品。

CPM：展现成本，也称千人展现成本。

种草：表示分享推荐某一商品的优秀品质，以激发他人购买欲望的行为。

◎ 分析过程

1. 选品优化

带货直播的本质是带货，货品的优劣决定直播之路的长短，低质量的货品会导致店铺评分下降，例如对于物流、质量、客服的评分，当店铺的分数下降到一定程度时，平台会自动给直播间备注低质量的标签，从而大幅减少对直播间的流量推送。所以直播间里选品的优化是至关重要的。

优化选品共有三条途径：

（1）亲测，对准备直播的所有商品亲自试用、试吃、试玩，确保真的好用、好吃、好玩，对于自己体验不佳的商品尽早淘汰。

（2）紧随市场热度，热门的影视剧、热点事件、当红达人，其中同款或相似款的商品均可参考借鉴。例如，2021 年爆火的电视剧《觉醒年代》，里面的学生装、美食，均可依据直播间的需求参考引荐。

（3）满足粉丝需求，通过直播交流，包括店铺微淘，去了解粉丝最近想购买什么商品。

总的来说，优化的方向要符合自己的人设和直播间中的商品品类。所以，想要做好选品，就必须对自己的粉丝画像有清晰地认知。

若想借鉴同类优质直播间中的选品思路，就要分析同行业优质直播间中的商品数据，分析重点为商品的销量、销售额和转化率等直接展现直播间销售情况的指标。图 5-32 中所示数据（对应本书资料包中文件“5-2 同行直播间商品数据 .xlsx”）为通过某第三方平台获取的同行业优质达人（拥有 100 万～ 500 万粉丝）直播间的商品销售数据。

L16

	A	B	C	D	E	F
1	商品	价格	销量(件)	销售额	件/每单	转化率
2	【爆款】高蛋白肉脯100g*5	39.9	1048	41815.2	-	39.28%
3	【爆款】****幸运的小豆柴3115g	136	217	29512	-	8.48%
4	【爆款】****傲娇的小野喵1883g整箱18包	89	318	28302	-	12.78%
5	【爆款】****全家福零食组合3689g	139	148	20572	-	12.52%
6	【爆款】****大吉大利零食大礼包3272g	139	38	5282	-	6.01%
7	【爆款】****肉松饼380g*5	49.9	59	2944.1	-	20.21%
8	【推荐】****每日坚果青春版750g	69.00 (满138减10)	34	2346	-	10.83%
9	【爆款】****深夜食肉组合1257g	98	19	1862	-	1.59%
10	【爆款】****肉肉大礼盒1211g	129	9	1161	-	2.05%
11	【新品】****耙鸡爪卤味火锅460g	29.90 (满59减10)	21	627.9	-	1.66%
12	【推荐】****香卤铁蛋（香辣味）128g*3	29.9	21	627.9	-	11.80%
13	【爆款】****元气全星零食大礼包2361g整箱12款	89	7	623	-	1.54%
14	【爆款】****甜辣鸭脖190g*3	39.9	15	598.5	-	14.56%
15	【经典】****麻辣牛肉108g*2	29.90 (满59减4)	17	508.3	-	11.64%
16	【经典】****五香牛肉干（80g）*（2/5/10）	35.9	13	466.7	-	4.04%
17	【经典】****吮指龙虾尾250g*5	99	3	297	-	1.52%
18	【推荐】****去骨凤爪128g*2	36.9	8	295.2	-	6.78%
19	【新品】****蘸料鸭脖103g*（2/5/10）	19.9	14	278.6	-	8.19%
20	【推荐】****山椒凤爪158g*3	29.9	8	239.2	-	9.76%

图 5-32

因为该账号直播间里的商品数量较多，为了更直观地观察各项指标，需要对数据进行可视化处理，最终制成“商品销量对比”可视化图表、“商品销售额对比”可视化图表、“商品转化率对比”可视化图表。

因三者步骤相同，故此处仅以“商品销量对比”可视化图表的绘制为例进行讲解。

step 1：打开数据表，选中数据区域中任意单元格，在“插入”选项卡中单击“数据透视表”，如图 5-33 所示。

step 2：在弹出的“创建数据透视表”对话框中单击“确定”按钮，如图 5-34 左图所示。然后在“数据透视表字段”窗格中将“商品”字段拖至“行”区域，将“销量（件）”字段拖至“值”区域，如图 5-34 右图所示。

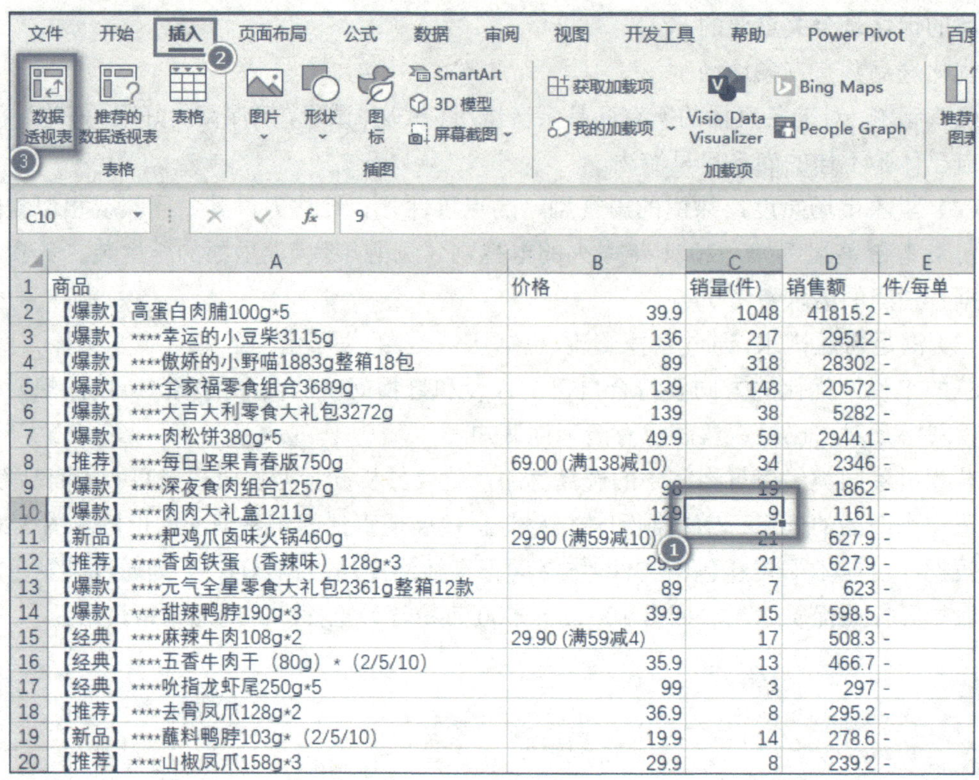

	A	B	C	D	E
1	商品	价格	销量(件)	销售额	件/每单
2	【爆款】高蛋白肉脯100g*5	39.9	1048	41815.2	-
3	【爆款】****幸运的小豆柴3115g	136	217	29512	-
4	【爆款】****傲娇的小野喵1883g整箱18包	89	318	28302	-
5	【爆款】****全家福零食组合3689g	139	148	20572	-
6	【爆款】****大吉大利零食大礼包3272g	139	38	5282	-
7	【爆款】****肉松饼380g*5	49.9	59	2944.1	-
8	【推荐】****每日坚果青春版750g	69.00 (满138减10)	34	2346	-
9	【爆款】****深夜食肉组合1257g	98	19	1862	-
10	【爆款】****肉肉大礼盒1211g	129	9	1161	-
11	【新品】****耙鸡爪卤味火锅460g	29.90 (满59减10)	21	627.9	-
12	【推荐】****香卤铁蛋（香辣味）128g*3	29.9	21	627.9	-
13	【爆款】****元气全星零食大礼包2361g整箱12款	89	7	623	-
14	【爆款】****甜辣鸭脖190g*3	39.9	15	598.5	-
15	【经典】****麻辣牛肉108g*2	29.90 (满59减4)	17	508.3	-
16	【经典】****五香牛肉干（80g）*（2/5/10）	35.9	13	466.7	-
17	【经典】****吮指龙虾尾250g*5	99	3	297	-
18	【推荐】****去骨凤爪128g*2	36.9	8	295.2	-
19	【新品】****蘸料鸭脖103g*（2/5/10）	19.9	14	278.6	-
20	【推荐】****山椒凤爪158g*3	29.9	8	239.2	-

图 5-33

创建数据透视表

请选择要分析的数据

选择一个表或区域(S)

表/区域(T): Sheet1!$A$1:$H$25

使用外部数据源(U)

选择连接(C)...

连接名称:

使用此工作簿的数据模型(D)

选择放置数据透视表的位置

新工作表(N)

现有工作表(E)

位置(L):

选择是否想要分析多个表

将此数据添加到数据模型(M)

确定 取消

数据透视表字段

选择要添加到报表的字段:

搜索

商品

价格

销量(件)

销售额

件/每单

转化率

累计讲解时长

上/下架时间

更多表格...

在以下区域间拖动字段:

筛选 列

行 值

商品 求和项:销量(件)

延迟布局更新 更新

图 5-34

step 3：单击行标签中的下三角按钮，在下拉列表中选择“其他排序选项”，如图 5-35 所示。

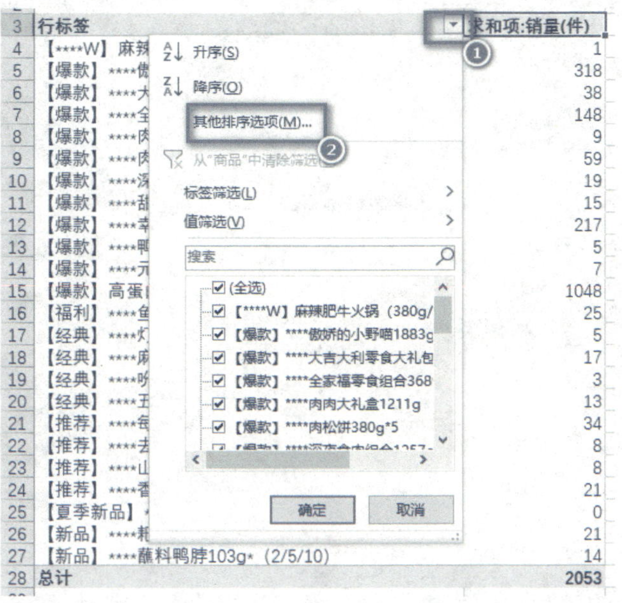

图 5-35

step 4：在弹出的“排序（商品）”对话框中，选择“升序排序”→“求和项：销量（件）”，最后单击“确定”按钮，如图 5-36 所示。

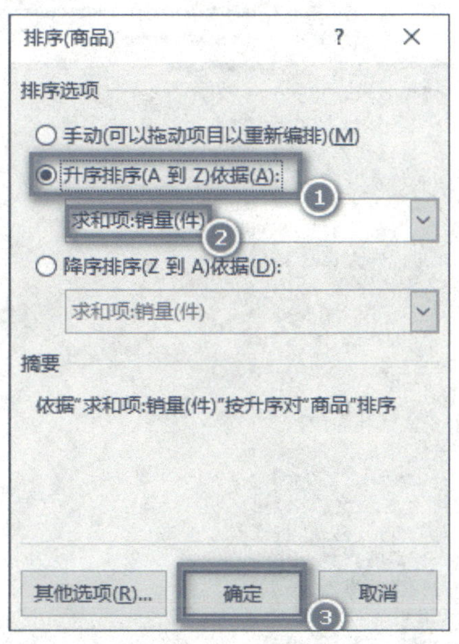

图 5-36

step 5：将数据排序之后，即可进行数据可视化操作。在“插入”选项卡中单击“插入柱形图或条形图”按钮，在弹出的下拉列表中选择“簇状条形图”，如图 5-37 所示。

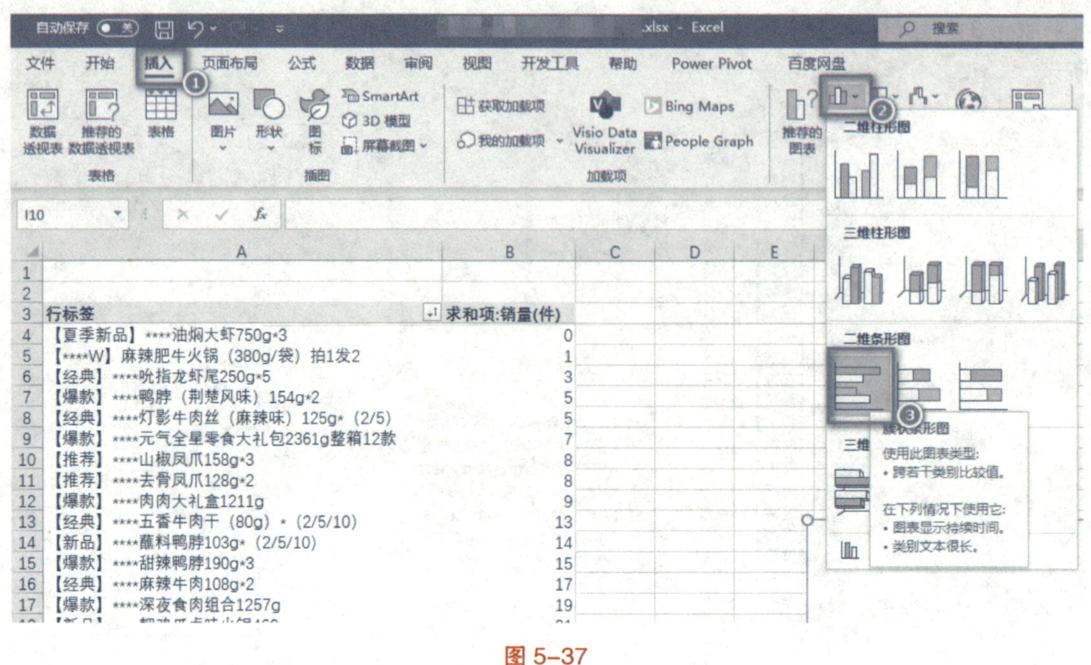

图 5–37

step 6：在得到的可视化图表中，将图表名称修改为“商品销量对比”，删除“汇总”图例，结果如图 5-38 所示。

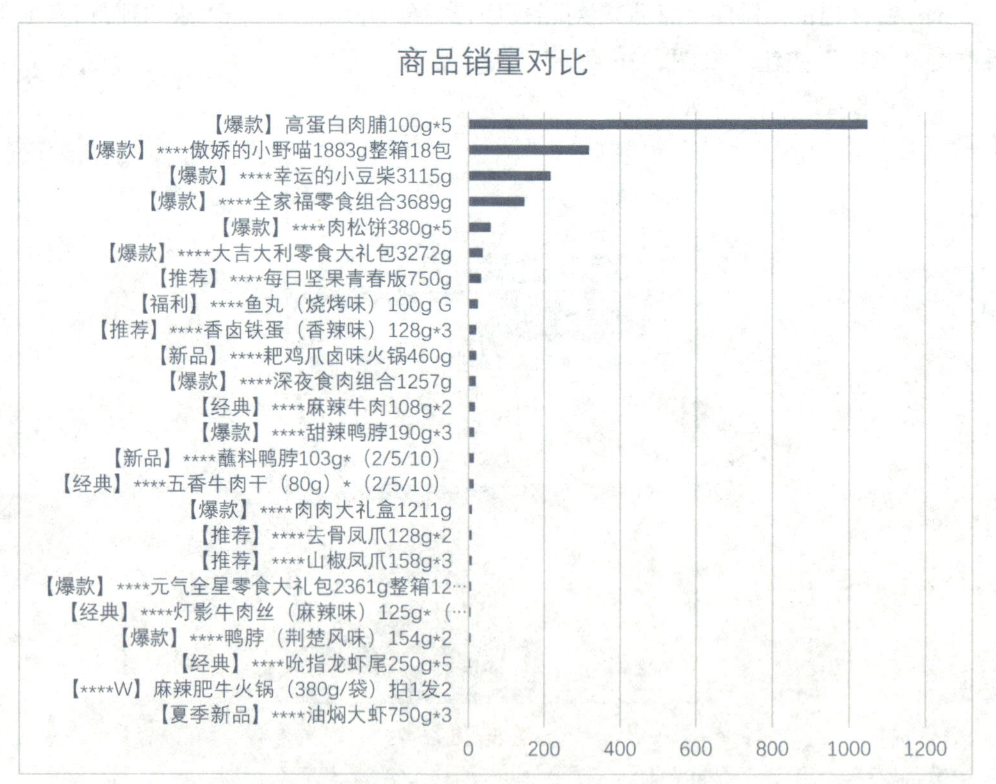

图 5–38

通过同样的步骤，可绘制“商品销售额对比”和“商品转化率对比”可视化图表，如图 5-39 和图 5-40 所示。

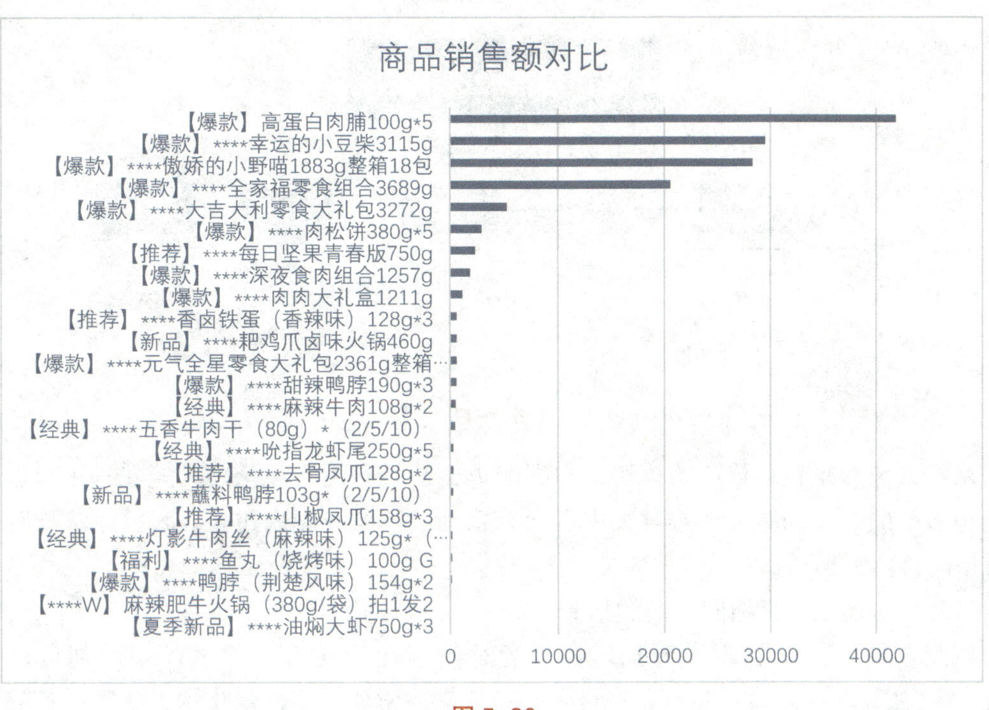

图 5-39

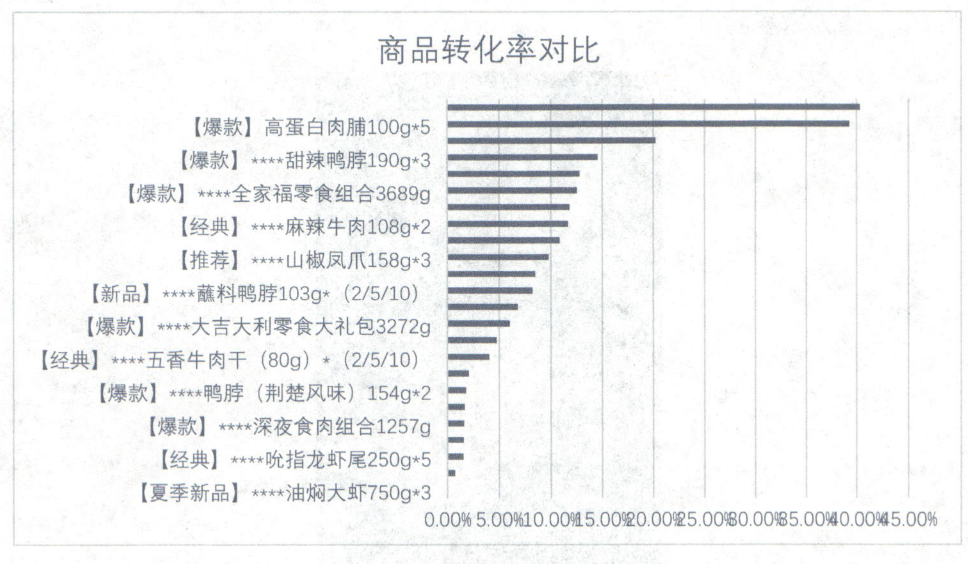

图 5-40

可以看出，“【爆款】高蛋白肉脯 100g*5”这款商品的综合表现最佳，直播团队可以寻找这款商品的供应链渠道，将这款商品引入直播间。

2. 流量结构优化

“酒香也怕巷子深”，有了好的商品后，还需要有足够的观众来看。抖音的观众来源主要有四个板块：推荐页、直播页、关注页、同城页。不同板块的展示方式和推荐逻辑不同，如图 5-41 所示。

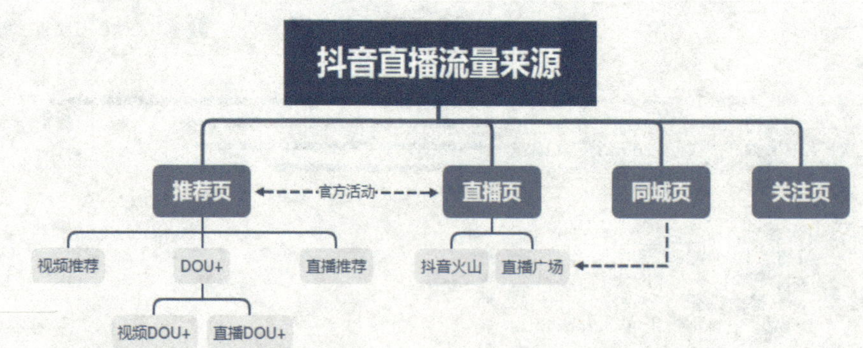

图 5-41

推荐页作为抖音最核心的模块，占据最大的流量和用户注意力。随着抖音对直播内容扶持力度的不断加强，在推荐页中引向直播间的流量也越来越多。目前，从推荐页进入直播间有两种形式。

（1）从短视频向直播间引流的形式。

如图 5-42 所示，当用户看到短视频的时候，若 KOL 正在直播，用户则可以点击 KOL 头像进入直播间。只要抖音平台对于短视频的定位不变，对于绝大多数的直播间来说，通过短视频向直播间引流的模式，都是直播间最大的公域流量来源。所以这里就是我们进行优化最为重要的地方。

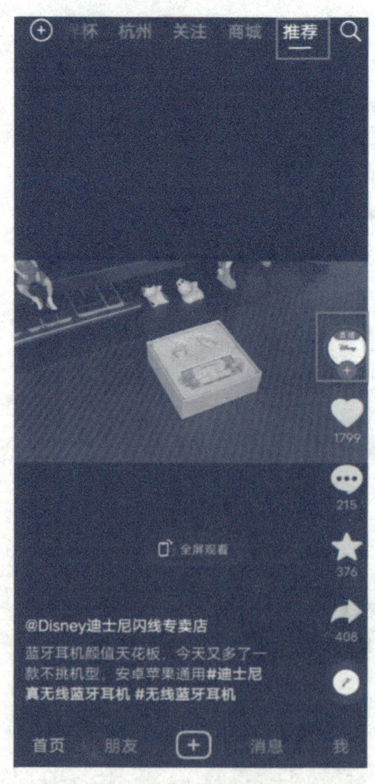

图 5-42

优化短视频引流的方法一般是高频创作预热和发布引流型视频，以此来提升直播间人气。抖音创作者都清楚抖音短视频爆款的重要性，短视频只有成为爆款才能获得更多曝光，带来更多粉丝，实现更多变现。对于直播来讲，这样做并不完全正确。因为直播发布短视频的目的不是单纯为了爆款，而是希望通过短视频向直播引流。

若要想短视频能够为直播发挥作用，必须满足两个条件，一是用户正在看短视频，二是此刻创作者正好在直播。因此，短视频内容的时效性和与直播的关联性就变得重要起来。所以想要加强抖音直播比重的KOL，务必要加强预热、引流型短视频的创作。

预热、引流型短视频和爆款短视频的差异如表5-1所示。

表5-1 预热、引流型短视频与爆款短视频的差异

	预热、引流型短视频	爆款短视频
目　　标	直播引流	爆款、吸粉、立人设
内容方向	强关联性、基于直播内容策划创作	强内容性、账号长期运营的内容主体
发布时间	预热型短视频：直播前一日或开播当日发布 引流型短视频：直播前3小时内或直播中均可发布	固定发布，周期3～5周

预热、引流型短视频务必要与直播有强关联性。其中，预热型短视频和引流型短视频还有一些不同。

预热型短视频的潜台词是“我要直播了，记得来看”。创作者会将直播主题与账号人设相结合进行创作。罗永浩的短视频就是很好的范例，通过短视频内容提前告知用户当晚直播的商品以及促销力度，同时还与罗永浩独特的带货人设进行了巧妙融合，让短视频拥有话题点，造就了短视频成为爆款的可能，一般点赞量都能破万。

引流型短视频的潜台词是“质高、价优、超值，快来买”。对于这类短视频来说，最需要突出的是直播的“瞬时”价值。简单明了地告诉用户，你的直播间能为用户带来什么利益，引导用户进入直播。

对于很多内容型KOL来说，在创作引流型短视频的同时，也要注意人设的统一。如果李子柒的娴静型人设去吆喝售卖五折的螺蛳粉，粉丝是接受不了的。而罗永浩的短视频几乎条条爆火，除了官方流量扶持外，和他一进入抖音就立下的强带货人设分不开。因此，对于内容型KOL来说，开播之前，找到账号人设和直播人设上的平衡点，这是极其重要的。

在创作、发布引流型短视频的时候，有个3小时发布原则，即开播前3小时内发布引流短视频。

第一，新视频发布后，抖音会立即分配一定的初始流量来为视频进行测试、打标签，决定视频是否能够进入下一级流量池。测试流量与账号粉丝量成正相关，而且这是能够直接“吸”到直播间的免费流量，必须要抓住。

第二，DOU+老用户都知道，在投放DOU+时，最少的金额是100元，最短的投放时长是2小时，DOU+还有半个小时审核期。所以，3小时内投放短视频，再配合DOU+投放，能够快速获得短视频带来的第一波流量高峰。

所以，在开播的前三小时内，务必要发布引流型短视频，为直播助攻，最好配合

DOU+ 投放，在开播前半小时发布视频，也可以准备多条视频，不断地去刺激流量池。引流型短视频不必过分追求质量，做到不与人设冲突即可。

（2）直接同步直播间里的内容进行推荐。

如图 5-43 所示，当用户看到直播推荐时，点击除顶部导航外任意位置即可进入直播间。从展示形态上看，推荐页中的这类直播内容与关注页是一样的。两者不同在于，用户从推荐页点击进入直播间后，无法进行上滑操作（不会进入直播的流量池），只有点击关闭按钮才能返回到推荐页内。

图 5-43

能够获得这种推荐形式的账号必然拥有极强的引流能力和吸粉能力，一般符合以下三种类型的账号比较容易获得推荐流量：

第一，媒体蓝 V、机构蓝 V 的账号，如新华社、人民日报等，这类媒体的直播内容往往会得到推荐。

第二，参与了抖音官方活动，同时直播内容又比较优秀的头部主播账号，可以得到官方的流量助推。

第三，投放了直播 DOU+ 的账号。在 2020 年 4 月前，直播 DOU+ 仅可以投放视频类内容为直播引流，之后增加了“直接催热直播间”的展现形式。目前两种投放方式并存。

DOU+ 可以直接加热直播间，这在一定程度上提升了内容基因缺乏的主播的获客能力，让没有粉丝基数的商家 / 主播也可以在抖音平台上以“付费购买公域流量”的形式顺利开播。但 DOU+ 并不是万能的，视频 DOU+ 给出的是预估展示次数，也就是 CPM（展现成本，也称千人展现成本）。而直播 DOU+ 给出的是为直播带来的观众数量，也就是从推荐页看到视频再点击进入直播间的人数，这种方式的成本是每 100 元可以带来 25 ～ 150 人的观看量，即每个通过直播 DOU+ 进入直播间的用户成本约为 0.67 ～ 4 元（注意，此处仅为进入直播间，不保障停留时长、是否有转化行为）。

优化 DOU+ 的方法有以下四种：

（1）给观众种草——设计宠粉商品、爆款商品，引导用户点击购买。

（2）观众互动——多向观众提问，引导用户扣 1、666。

（3）直播间涨粉——红包关注、话术引导、宠粉商品。

（4）用户停留时长——优化直播间布置，多人互动。

3. 话术和脚本的优化

一场直播对于主播的考验是巨大的，主播除了提升个人的专业素养外，还需要进行直播话术和直播脚本的优化。直播话术怎么优化呢？主播可以通过查看自己的粉丝画像、兴趣爱好等进行优化。以抖音直播为例，主播登录自己的创作服务平台，在“视频数据”→“粉丝画像”中可以查看自己粉丝的兴趣分布，如图 5-44 所示，可以看出粉丝的主要爱好是拍摄。那么在设计话术的时候，可以偏向拍摄这个话题。

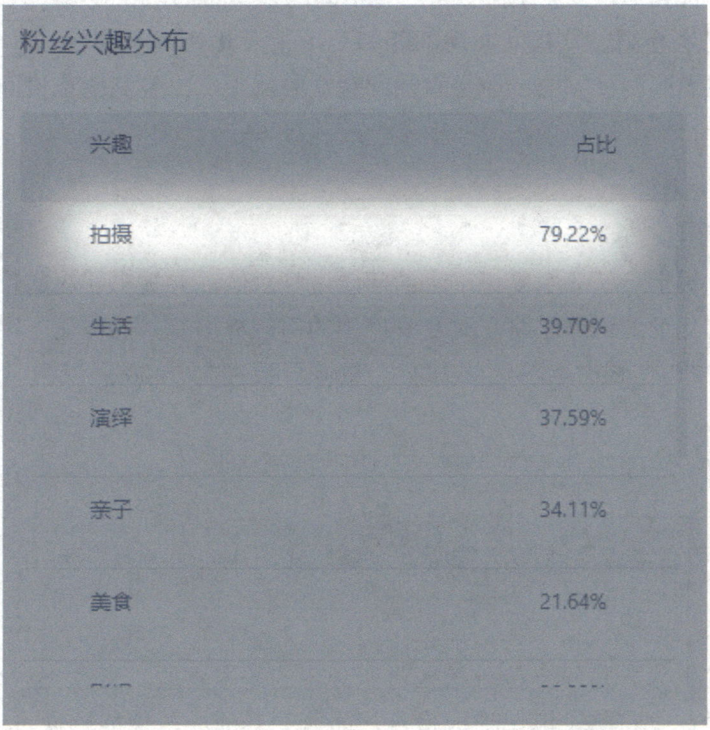

粉丝兴趣分布

兴趣	占比
拍摄	79.22%
生活	39.70%
演绎	37.59%
亲子	34.11%
美食	21.64%

图 5-44

除话术外，主播还需要对直播脚本进行优化，直播脚本的优化涉及秒杀、红包、福袋等环节的设计。运用好这些环节可以很好地烘托直播间的气氛。当然，还需要考虑商品的排序，印象款、引流款、跑量款，价格需要高低搭配，这样才能提高用户的平均停留时长，如何排布要依据直播间具体的情况（主播的粉丝画像、商品特点等）而定。图 5-45 所示为某场直播的在线流量分析，可以看出，通过合理的安排，在密集地推出主推款时，直播间在线人数一直处于平稳状态，当后期下降时，通过推出一个引流款又迅速拉升了直播间人数，使得整场直播流量趋于稳定。

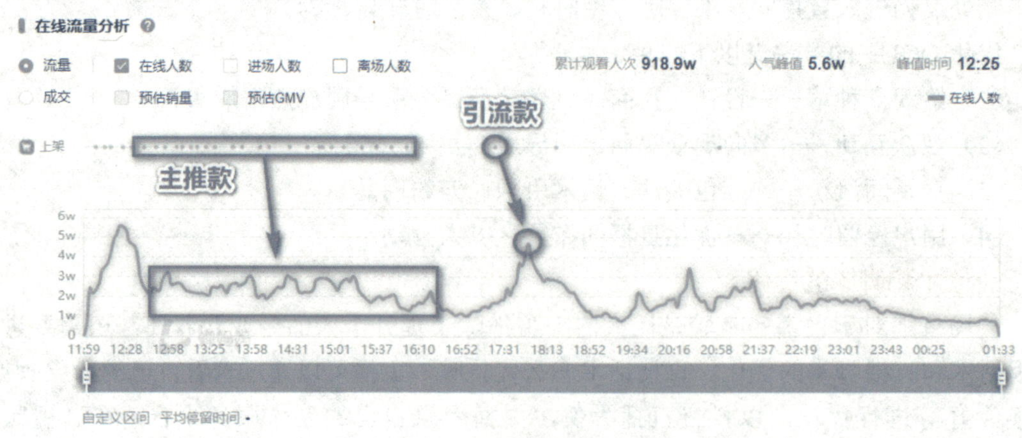

图 5-45

4. 直播间布局的优化

做完前面的优化后，主播还需要考虑直播间的整体布局，俗话说“人靠衣装马靠鞍”，前面的项目中已经介绍过直播间布局的相关要求了，此处不再赘述。再强调一下，直播间布局优化主要参照两个方面：一是直播间观众的反馈，二是竞争直播间的布局。

◎ 任务实训

实训 5.2

类目：全类目。

背景：请针对上一任务中复盘产生的问题进行总结，并提出相应的优化方案。

目标：掌握复盘优化的思路，对复盘产生的问题提出有效的优化方案。

要求：以 PPT 的形式呈现优化方案，整体页数控制在 20 页以内，要求逻辑通顺、符合常理。

任务 3　直播复盘报告的撰写

◎ 任务解读

撰写直播复盘报告是每一位直播人员所必备的基本素质，复盘完一场直播后，直播的相关运营人员需要将结论汇总形成报告，团队的其他成员便能够通过这份报告清楚明了地知晓整场直播的得失和下一步优化的方向，撰写直播复盘报告的目的是为了减少团队沟通的时间，提高整体运作效率。

◎ 分析思路

直播复盘报告的撰写应遵循由大到小，逐步拆分的方式。

◎ 分析过程

直播复盘报告的撰写需要遵循客观、全面、详细三个原则。复盘框架主要包含整体情况、流量复盘、互动复盘、用户复盘、选品复盘、市场分析、优化策略和复盘总结等内容，如图 5-46 所示。

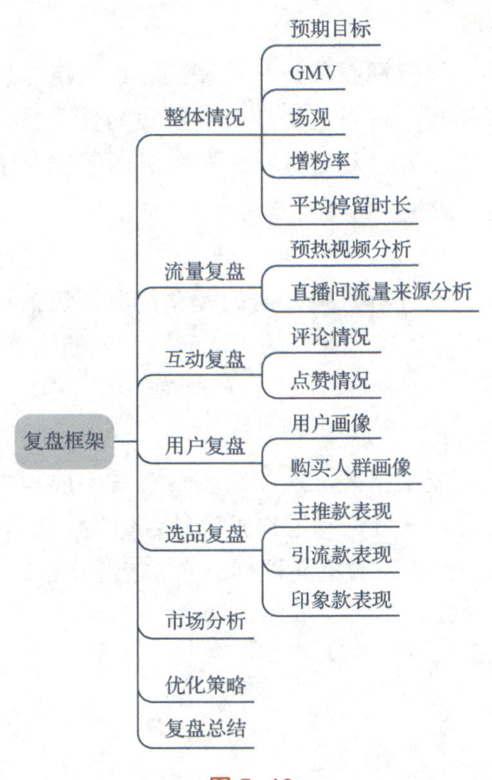

图 5–46

（1）整体情况。

整体情况中包含直播前的预期目标，每一场直播都是经过详细策划的，那么必定会有直播的预期，用来衡量直播情况的好坏。直播预期是通过对前期直播情况的汇总和分析为本场直播设定的一个目标。我们可以在数据后台看到往期的数据，以抖音平台为例，可以在“抖音创作服务平台”→“直播数据”→“数据总览”中看到自己往期直播的数据，也可将数据下载下来，进行简单的数据清洗后做成各种趋势图。如图 5-47 所示，这是某主播某场直播观看人数趋势图，根据数据大致趋势，我们可以预估出本次直播的观看人数。

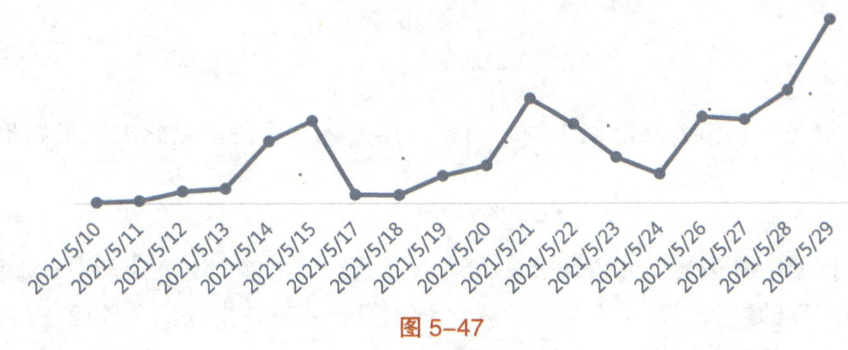

图 5–47

直播完成之后，主播可以通过对 GMV、场观、增粉率、平均停留时长等数据的分析，判断这场直播是否成功。

（2）流量复盘。

流量复盘主要包括预热型短视频分析和直播间流量来源分析。首先，直播之前都会进行短视频预热，这些预热视频可以很好地引起用户的好奇心，也可以告知他们直播的时间，但是效果如何，就需要通过复盘分析来判断其引流情况了。其次是直播间的流量来源分析，可以判断直播间流量来源是否健康。

（3）互动复盘。

接下来是互动复盘，通过分析直播间内的互动情况，包括粉丝评论、点赞量等，判断直播间的活跃程度；也可以通过对评论的提取和分析判断消费者的需求。

（4）用户复盘。

用户复盘主要是查看自己的用户画像是否偏离，进入直播间观看的人群不一定符合主播的要求，也就是流量可能不精准，这就需要从观看人群和购买人群两个角度去分析探讨。通过对人群的占比进行分析查看用户画像是否偏离。图 5-48 是抖音平台上某主播某场直播的看播用户画像中的部分数据（性别分布、年龄分布），与之前的数据进行对比，就可以判断本次直播的用户画像是否有偏离。

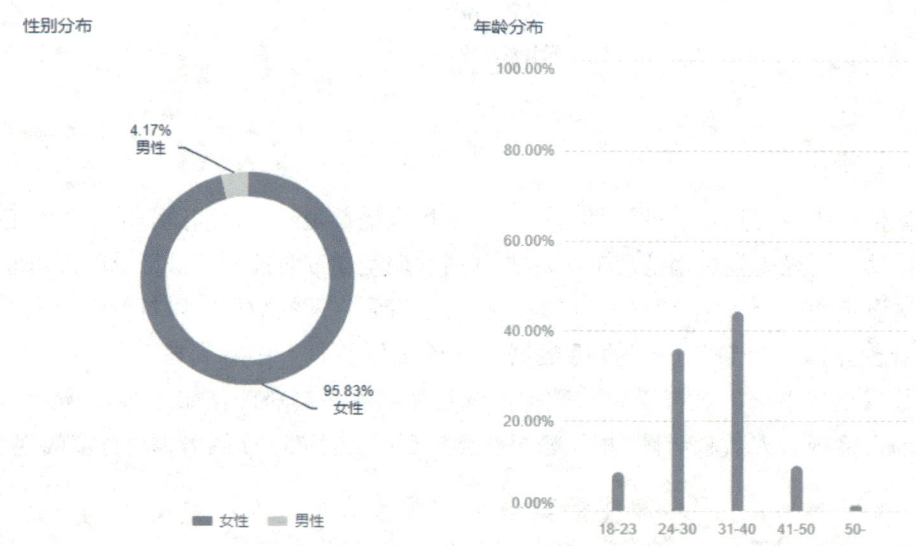

图 5–48

（5）选品复盘。

选品复盘是对直播商品的销售额、销量、热度进行分析，以此来衡量调整主推款、引流款、印象款。

（6）市场分析。

在复盘框架中必须要加入市场分析模块，原因在于主播们不能闭门造车，而是要借鉴其他优秀同行的经验，包括选品、话术、脚本等。所以，主播们需要通过第三方数据平台来对其他直播间进行监测和分析。

（7）优化策略。

优化策略主要针对本次复盘发现的问题提出解决方案，以便团队理解、贯彻、落实。

（8）复盘总结。

复盘总结模块是对本次直播复盘报告的总体概括，方便团队迅速找到报告的关键点。

◎ 任务实训

实训 5.3

类目：全类目。

背景：直播报告 5.3 是一份抖音直播的整体复盘报告，但其篇幅过多，使人无法迅速提取有效信息，请对这份报告进行提炼，概括其核心内容。

目标：提炼报告内容。

数据：直播报告 5.3。

要求：以思维导图形式呈现（表格或文档形式均可），核心内容不遗漏，字数控制在 600 字以内。

附录

常见平台违规情况的应对和处理